重庆文化遗产保护系列丛书

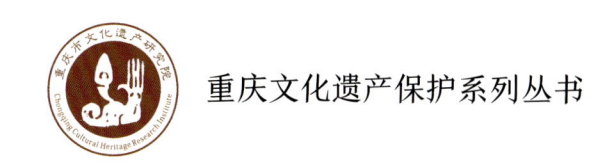

重庆三峡后续工作考古出土文物图集

重庆市文化遗产研究院
重庆文化遗产保护中心　编著

科学出版社
北　京

内 容 简 介

三峡地区文物保护的主要工作始终围绕三峡工程而开展，作为"前三峡"文物保护的延续，三峡后续考古工作在消落区地下文物抢救性发掘和大遗址考古两方面均取得了丰硕的考古成果。本书以时代为序，集中收录了在三峡后续考古工作中出土的代表性遗物，同时也一并刊布了出土地点、单位和尺寸、描述等信息，较为系统和完整地展现了峡江地区自新石器时代以来的古代文化发展脉络。

本书可供从事峡江地区文物考古、历史方面研究的专家学者，高校相关专业师生，以及广大文物考古爱好者阅读、参考。

图书在版编目（CIP）数据

重庆三峡后续工作考古出土文物图集 / 重庆市文化遗产研究院，重庆文化遗产保护中心编著. — 北京：科学出版社，2020.11
（重庆文化遗产保护系列丛书）
ISBN 978-7-03-066720-5

Ⅰ.①重⋯ Ⅱ.①重⋯ ②重⋯ Ⅲ.①三峡工程－出土文物－重庆－图集 Ⅳ.①K873.719

中国版本图书馆CIP数据核字（2020）第216266号

责任编辑：王光明　蔡鸿博 / 责任校对：邹慧卿
责任印制：肖　兴 / 书籍设计：北京美光设计制版有限公司

科学出版社 出版
北京东黄城根北街16号
邮政编码：100717
http://www.sciencep.com

北京九天鸿程印刷有限责任公司 印刷
科学出版社发行　各地新华书店经销

*

2020年11月第　一　版　开本：889×1194　1/16
2020年11月第一次印刷　印张：21
字数：605 000

定价：368.00元
（如有印装质量问题，我社负责调换）

重庆文化遗产保护系列丛书编委会

主　任

白九江

委　员

高碧春　袁东山　方　刚

《重庆三峡后续工作考古出土文物图集》编委会

主　编

白九江　范　鹏

副主编

方　刚　李大地

编　委

（以姓氏笔画为序）

马晓娇　王洪领　牛英彬　代玉彪　孙治刚
杨鹏强　肖碧瑞　汪　伟　周　勇　黄　伟　燕　妮

编　务

蔡远富　牟　丹

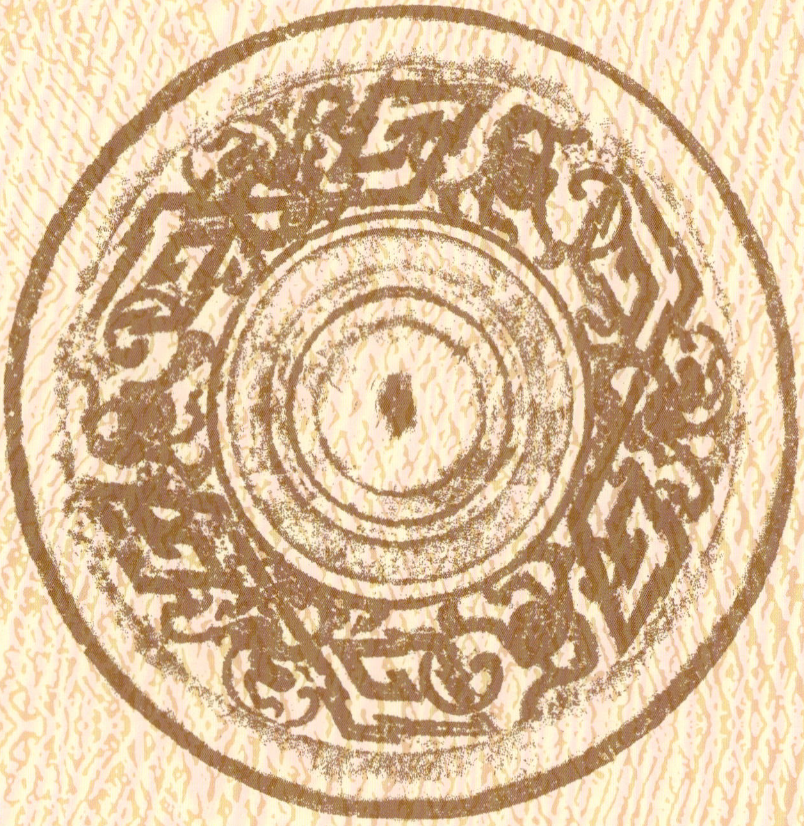

重庆三峡后续工作考古收获综述

三峡库区是重庆古代文化遗存的富集区，作为三峡工程重要组成部分的文物保护工作，在有效抢救文物的同时，确保了国家重点工程的顺利实施，在国际上树立了三峡工程的文明形象。2011年，国务院通过了《三峡后续工作规划》，三峡库区的文物保护也进入到了"后三峡"时期。

这一时期的考古工作主要围绕消落区地下文物保护和大遗址保护两大主题开展。其中，消落区地下文物保护为抢救性发掘，以抢救地处消落区的出露文物为主要任务。实施周期集中在2011至2018年，先后发掘141处文物，完成发掘面积10.5万平方米，出土各类文物标本约2.7万件/套。大遗址保护考古工作为配合性发掘，以配合三峡库区一批重要的遗址公园建设，以及其他保护利用项目为主要任务。部分项目因规模相对较大，需分多个年度实施，目前仍处于执行阶段。截至2020年6月，围绕巫山高唐观、奉节白帝城、巫溪宁厂、云阳磐石城、万州天生城、忠县皇华城等6处三峡大遗址，先后开展考古发掘9项，完成发掘面积21200平方米。

现将以上两个方面的考古收获大致以时代和类别为序，分别从先秦时期遗存、历史时期墓葬遗存、历史时期城址遗存、古代产业遗存等4个方面总结如下。

一、先秦时期遗存

新石器时期遗存在大溪文化和重庆本土的玉溪坪文化、中坝文化等方面有较多发现，商周时期遗存则以石地坝文化为主，三星堆文化渝东类型遗存的发现相对零星。代表性的遗址有巫山大水田遗址、柏树梁子遗址、蓝家寨遗址，涪陵大河口遗址、古坟坝遗址、黄荆背遗址，开州姚家坝遗址，丰都观石滩遗址等。

（一）新石器时期遗存

1. 大溪文化遗存

大溪文化虽然以重庆巫山大溪遗址命名，但该区域在事实上处于大溪文化的边缘地带，边

缘效应反映在考古学文化上的独特性成为研究大溪文化不容忽视的重要区域。位于巫山县曲尺乡伍佰村的大水田遗址和柏树梁子墓群二者毗邻，早期可能为一个遗址，遗存主体为大溪文化墓葬和灰坑，是重庆境内继巫山大溪遗址之后关于大溪文化最重要和最集中的考古发现。

　　大水田遗址的考古工作先后分 2014 和 2016 两个年度实施，发掘面积共计 2400 平方米，发现了大量的大溪文化遗存，涵盖了第一至四期，以第二期、第三期为主，第一期和第四期发现较少，遗迹类型以墓葬和灰坑为主，另有零星房址和沟（图一）。大溪文化墓葬共发现 230 座，均为竖穴土坑墓，平面形状有椭圆形、圆形和圆角长方形等，葬式非常丰富，有单人葬和多人合葬，合葬墓以双人合葬居多，另有三人合葬、五人合葬和七人合葬墓各 1 座；葬式有仰身直肢葬、仰身屈肢葬、侧身屈肢葬和俯身屈肢葬等，以仰身屈肢葬居多，屈肢葬有跪屈葬和蹲屈葬两类，以跪屈葬为多。在合葬墓中，发现人骨叠葬现象，其中既有成人叠葬，也有小孩

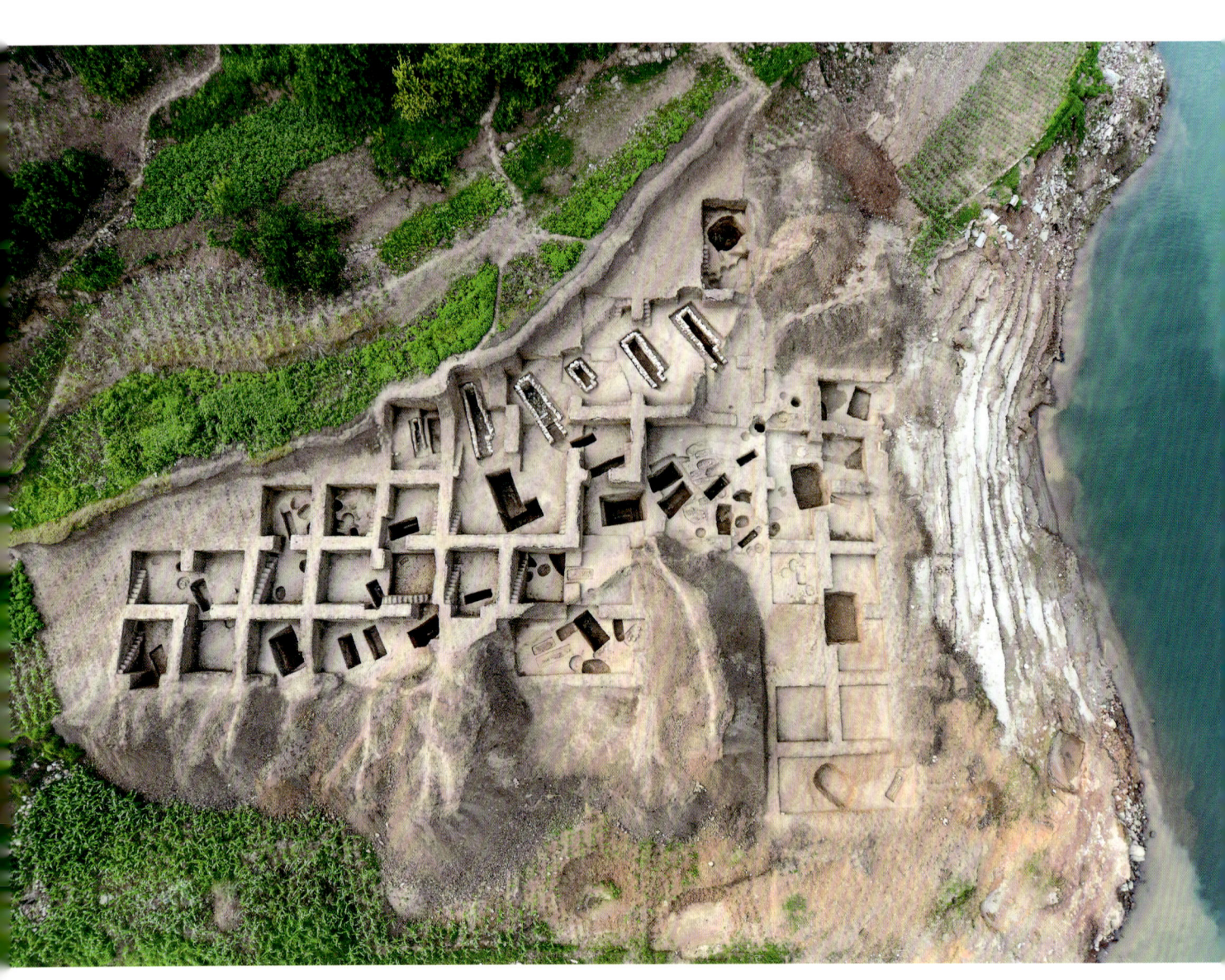

图一　巫山大水田遗址发掘区全景

叠葬于成人胸腹部。另发现3座瓮棺葬、3座陶钵覆面墓葬和2座人骨下方铺垫成层鱼骨墓葬。此外，还发现一座墓葬底部和部分人骨有被火焚烧的现象。灰坑共发现319座。平面形状有圆形、椭圆形和不规则形等，多数为处理生活废弃物的垃圾坑，也有少量可能与祭祀或者原始宗教仪式密切相关的遗存，如鱼骨坑（基本为鱼头骨不见椎骨）、狗坑（埋葬整只狗，位于墓葬人骨脚端）、毁器坑（坑底铺满破碎陶片经火焚烧，陶片多可拼合，可能为毁器，另发现大量黍）、器物坑（坑底摆放完整器物）等。柏树梁子遗址发现的大溪文化遗存属于第二期和第三期，遗迹类型可分为墓葬和灰坑。墓葬共发现10座，平面形状可分为圆形、长方形和不规则形，葬式可分为屈肢葬和直肢葬，除1座为多人合葬外，均为单人葬，随葬器物丰富，以石制品为主，此外有少量的陶器、骨器及装饰品。

大水田遗址和柏树梁子墓群的考古发现，生动再现了重庆地区大溪文化的发展面貌，具有分布密集、数量众多、种类丰富、延续性强、信息全面新颖等特点，全面揭示了大溪文化先民社会生活、对待死亡的态度和处理方式等信息，涵盖了墓葬制度、丧葬习俗、文化交流、工艺水平、人居环境、营养状态与病理特征、生业模式等多个方面，部分资料填补了大溪文化发现的空白，对于大溪文化研究具有重要促进作用。

2. 重庆本土新石器文化遗存

从新石器时代中期开始，重庆本土新石器文化经历了玉溪下层文化（距今8000～6300年）、玉溪上层遗存（距今6300～5300年）、玉溪坪文化（距今5300～4600年）、中坝文化（距今4600～3700年）等几个发展阶段。除玉溪下层文化外，上述几支考古学文化遗存在三峡后续考古工作中均有不同程度的发现。

玉溪上层文化与这一地区时代更早的玉溪下层文化风格迥异，却是时代稍晚的玉溪坪文化的重要源头，可谓启下而不承上。玉溪上层文化主要分布在三峡西部地区，在三峡后续考古工作中的发现较少。在巫山大水田遗址中发现其与大溪文化晚期遗存共存的现象，这是重庆地区继巫山大溪遗址后这一共存关系的再次发现，对于确定玉溪上层文化向东发展以及当时的考古学文化态势、交流与互动等方面的研究具有重要意义。

玉溪坪文化是重庆本土新石器文化的繁盛期，在玉溪上层文化的基础上跨越式发展，分布范围扩大、遗址规模和数量增多，遗存更加丰富。2015年，在涪陵古坟坝遗址考古发掘中发现了1座土圹石室瓮棺墓，墓室以砂岩石板砌筑，墓底平铺石板二块，左右壁各围石板二块，前后壁各围石板一块，葬具为口部相互套合的2件绳纹网格纹夹砂褐陶罐，应属于玉溪坪文化早期陶器，这是重庆地区首次发现使用葬具的玉溪坪文化墓葬，也是重庆境内首次发现新石器时代土圹石室瓮棺墓（图二）。石器制作是新石器时代手工业生产的重要组成部分，在黄荆背遗址的考古发掘中发现了玉溪坪文化的石器制作场，发现了较为丰富的体现石料选取、剥片、修整、磨制等工艺的石制品，是探索当时石器制作工艺、生产规模等的重要材料。

中坝文化遗存的发现集中在涪陵境内长江干流，以黄荆背遗址、渠溪口遗址、大河口遗址等为代表，主要属于中坝文化中晚期。几处遗址文化面貌相似、距离接近，二者可能分别为有着紧密联系的遗址群的重要组成部分，是研究这一时期聚落、聚落群的构成、分布及之间的关系的重要样本。特别是大河口遗址文化堆积厚，出土遗物十分丰富，陶器器形多为平底器，少

图二　涪陵古坟坝遗址瓮棺（新石器时期玉溪坪文化）

许圈足器，器形主要有深腹罐、鼓腹罐、大口折沿罐、直口缸、圈足器、钵、杯、盖、纺轮，从文化属性上看，大量层位关系明确、类型多样的遗物出土为探讨重庆峡江地区新石器时代考古学文化的分期和谱系提供了重要参考。

（二）商周时期遗存

商周遗存保存情况总体不佳，相关发现十分零星，文化信息较为破碎。就目前的收获来看，基本未超出三星堆文化渝东类型和石地坝文化的范畴，为研究峡江地区这一时期考古学文化发展演变特色及其与其他考古学文化的交流与互动关系、三星堆文化的东进、早期巴文化的形成、中期巴文化的发展及其与早期楚文化的关系等重要问题提供了重要参考。

三星堆文化渝东类型遗存主要在涪陵黄荆背遗址、石柱观音寺遗址、巫山大水田遗址等有所发现。2013年，在涪陵黄荆背遗址的考古发掘中发现了较为丰富的三星堆文化渝东类型遗存，陶器以夹砂红褐陶居多，另有较多的灰褐陶，少量的泥质陶，大部分陶片为素面，纹饰以绳纹为主，另有少量的附加堆纹、划纹及少量的复合纹饰，可辨的器型以罐为主，另有少量夹砂灰褐陶的灯形器、夹砂灰褐陶施粗绳纹的花边口沿罐等。2014年，在巫山大水田遗址的考古发掘中发现了1座竖穴土坑墓，葬式为仰身屈肢，随葬1件釜和2件小平底罐，这是三星堆文化墓葬最靠东的发现，为三星堆文化向三峡地区甚至长江中游扩张模式、人员及文化的交流与互动等研究提供了重要的实物资料。此外，在石柱观音寺遗址的考古发掘中，发现了零星的三星堆文化渝东类型遗存，可辨器形有罐、高柄豆等。

图三　开州姚家坝遗址陶窑（商周时期石地坝文化）

石地坝文化是峡江地区脱离成都平原考古学文化圈强势文化的影响，逐步形成自身文化特质的重要发展阶段，是早期巴文化的重要组成部分，在重庆特别是峡江地区有着广泛的分布。在三峡后续考古工作中，先后发现了渝北赵家湾墓群、涪陵龙头山北角下遗址、园丁老船厂遗址、古坟坝遗址、黄荆背遗址、香炉滩遗址等。开州姚家坝遗址地处浦里河（长江支流小江右岸支流）的右岸一级阶地，分布面积约80000平方米，我院于2015、2016、2018年对该遗址进行了三个年度的考古发掘，发掘面积共计3100平方米，发现了较多石地坝文化灰坑、房址、窑址。其中，窑址的发现较为重要，可分为两类，一种平面形状呈瓢形，有火道、火塘、窑室，窑室下方的火塘内还残留有较多的陶器残片，可能与陶器烧制有关，是探讨这一时期陶器生产及装烧工艺、产品构成的重要材料（图三）；一种平面呈长条形，四壁有厚约2厘米的烧结面，底部残留有厚约10厘米的灰烬层，灰烬层下有烧结面，可能为烧炭的窑址，为探讨这类窑址功能提供了新的资料。商周时期遗存的大量出现，完善了这一区域先秦考古学文化谱系，为探讨考古学文化的交流与互动提供了重要的实物资料。

二、历史时期墓葬遗存

因抢救保护的实际需要，针对墓葬的清理一直是三峡后续考古发掘中的重点。经初步统计，已清理的战国、西汉、东汉至六朝、唐宋及明代墓葬达千余座，大大充实了峡江地区历史时期的墓葬资料。

（一）战国至西汉早期墓葬

峡江地区在战国时期是巴、楚、秦，尤其是巴、楚竞相争夺的重要区域，这一时期的墓葬在文化面貌上表现出以一种文化为主体，多种文化因素相互交融的文化现象。这批墓葬形制多为窄长方形土、岩坑墓，从鼎、敦、壶、豆的随葬品组合来看，其内涵基本以楚文化为主体，巴文化因素主要体现在柳叶剑、双弓耳铜矛等青铜兵器上。相关考古发现以巫山高唐观遗址、云阳营盘包墓群、万州黄金塝墓地为代表。此外，巫山大水田遗址、万元沟墓地，云阳塘坊遗址、打望包墓群，万州大丘坪墓群等都发现有这一时期的遗存。

高唐观遗址位于巫山新县城西部巫峡镇高唐村三组长江北岸高丘山耒鹤峰上（图四），2016年我院对该遗址的发掘工作清理战国时期墓葬7座，墓葬均为有带头龛的长方形竖穴土坑墓，随葬品组合有鬲、盆、豆、罐和鼎、敦、壶、豆以及有格楚式剑等典型的楚文化风格器物，但也有少量绳纹圜底釜等土著文化因素的随葬品，表明其墓葬应以楚文化为主体，其性质

图四　巫山高唐观遗址发掘区全景

图五　万州万顺墓群银家嘴墓地远景及周边环境

应为楚人墓葬或受楚文化强烈影响的土著居民墓葬。营盘包墓群位于云阳县巴阳镇巴阳村，地处巴阳溪与长江的交汇处，2002年由福建省博物馆清理楚文化墓葬8座。2012年，在原发掘区所在山包的顶部，再次发现战国时期墓葬8座。这批墓葬排列有序、朝向基本一致，特别是M13、M14、M15同处一列，随葬品置于墓室一侧，鼎、敦、壶、豆组合完整，具有典型的峡江地区楚文化墓葬特征。2011年发掘的黄金塝墓地位于万州区新田镇五一社区，墓葬共包含战国时期岩坑墓9座，各墓之间不见打破关系，多数墓葬埋藏较深，形制结构相似，打破生土及基岩，墓壁修葺平整，口大底小，略呈斗形，葬具为一椁一棺或单棺。出土随葬品组合可分为两大类：第一类以随葬礼器为主，铜器（含兵器）有壶、剑、矛组合，陶器有鼎、敦、壶组合和鼎、敦、壶、盖豆组合；第二类以随葬日用陶器为主，陶器组合为罐、豆、盂。从墓葬形制、随葬品特征、器物组合看，该墓地应为一处典型的峡江地区战国中晚期楚文化墓葬。

（二）西汉中期至六朝墓葬

西汉中期及以后的墓葬形制、随葬品组合与中原王朝十分接近。这一时期墓葬的发现在三峡后续考古中占比最高、分布地域最广，多数墓地墓葬分布十分集中，并呈现出从西汉、东汉至六朝的较长文化延续性。其中最具代表性的为万州万顺墓群（图五），该墓群由9处墓地组成，沿长江呈线状分布，包含墓葬80余座，时代自西汉中期延续至六朝时期，墓葬之间鲜有打破关系且时代序列紧密，是一处精心选址与合理规划的大型墓地，集中反映了古代先民在墓地堪舆、家族合葬方面的丧葬理念，对研究重庆地区汉至六朝时期丧葬制度的形成、发展与演变具有重要的参考价值，也是认识这一时期人口规模、文化面貌、经济社会发展水平的典型实物样本。

在一些规模相对较小的墓地，墓葬时代相对集中，西汉中晚期墓葬主要有涪陵转转堡、忠

图六　忠县溪口墓群墓葬（西汉）

图七　丰都马鞍山墓群墓葬（新莽）

县坪上、忠县溪口、开州花石盘等墓群（图六）。墓葬形制上基本为近方形或方形土坑墓，随葬品中以锺（壶）、盒、罐、钵、釜、甑等陶容器，釜、鍪、洗等铜容器，刀、削等铁兵器组合为主，陶明器基本为灶、井、博山炉的组合。这批墓葬在同一墓地中往往布局有序、朝向一致，且相当部分未经盗扰、随葬品组合完整，对研究峡江地区西汉墓葬的分期与丧葬习俗具有重要的参考价值。2012年在转转堡墓群发掘中清理西汉早中期墓葬3座，其中M2以大小均匀的砾石封门作为墓门，在峡江地区较为罕见。墓葬出土了矛、钫、鍪、鼎等铜器，体现出墓主较高的身份等级。2013年对该墓群实施了第二次发掘，清理汉代墓葬9座，其中6座为土坑墓，均可见有经过夯筑的熟土二层台，出土遗物基本为生活类陶器。新莽至东汉早期墓葬的发现也取得了重要突破，在丰都马鞍山墓群集中出现了一批这一阶段的墓葬，墓葬形制基本为方形土坑墓（图七），基本保留了西汉时期器物组合，但釉陶器、明器的比重进一步增大，是认识两汉之际墓葬演变过程的重要参考。

东汉中晚期墓葬的发现更加普遍且有多项重要收获。墓葬形制以砖、石室墓最多，其次为崖墓（图八）。因使用木质棺椁的缘故，葬具鲜有完整者，但作为其装饰品的鎏金铜棺饰则得

图八 忠县龙洞墓群发掘区全景

以留存，成为峡江地区东汉时期墓葬的一大特色。在随葬品的主要组合上，鼎、锺、壶、仓等承继自西汉特色的陶器虽仍存在，但总体呈现出逐渐减少的趋势；陶容器主要为釜、罐、甑、魁、钵等，并有一定的明器化倾向；俑类明器十分发达，特别是人物俑种类丰富、形态多样，在东汉晚期墓葬中常见高度近半米的灰陶或红陶饰釉的大型陶俑。忠县瓦窑六队墓群清理了1座东汉中晚期的石室墓，虽经盗扰，但墓室内随葬品基本未受影响，仍清晰地展现出入葬时的位置布局。此外，墓室内仍清晰可见横列的三处棺痕，是研究这一时期家族（家庭）合葬的典型实物样本。丰都卡子堡、林口两处墓地均地处赤溪河与长江交汇形成的一处半岛型山包上，两处墓地在位置上应同属赤溪墓群的分布范围，该墓群是库区规模最大的东汉至六朝墓群之一，墓葬数量多且保存较好。卡子堡M2是一座带封土双墓道的双室砖室墓，两条墓道之间有一道生土墙相隔，自甬道起整个墓圹为一个整体，左右二室在中部相连通，是峡江地区十分罕见的墓葬形制。林口M2的出土品十分丰富，特别是陶辟邪钱树座、俑、戏楼等造型精美、内容丰富，对于研究这一时期的社会面貌与丧葬习俗具有重要的价值（图九）。

峡江地区的六朝时期墓葬在形制上与东汉晚、末期差异较小，因不易区分及重视程度不够等缘故，相关研究工作一直较为薄弱，目前普遍将青瓷器作为判断库区六朝墓葬的标准器物。在三峡后续考古工作中，规模较大的汉代墓地，一般零星存在六朝时期墓葬，如巫山老屋场、奉节赵家湾、万州黄金塝、丰都二仙堡、忠县龙洞等墓群（图一〇）。最为集中的发现见于巫山大溪村墓群，该墓群清理了19座石室墓，其形制可见有刀形和长方形两类，出土遗物皆为灰白胎、淡青釉、底部露胎的青瓷器，器形有罐、鸡首壶、碗、钵、砚台、唾盂等，大大深化了对峡江地区六朝墓葬的认识。

图九
丰都林口墓地墓葬
（东汉）

图一〇
丰都二仙堡墓群墓葬（六朝）

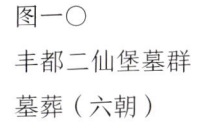

（三）隋唐及以后时期墓葬

这一时期墓葬的发现较为零星。2015 年在云阳大囟子墓群清理出一座"凸"字形砖室墓，以卷草纹和花卉纹砖砌筑，墓底铺一层卵石，并出土有一件瓷四系罐。从墓砖纹饰和出土品来看，与江西吉水房后山隋代墓葬十分接近，是重庆境内这一时期墓葬为数不多的考古发现。唐代墓葬以丰都赤溪遗址的发现最具代表性，所见墓葬为土坑墓和瓮棺葬两种，土坑墓均为小型的竖穴土坑墓，随葬品有瓷双唇罐、四系罐、砚台、铜带銙、开元通宝等，瓮棺葬葬具用大口小底的四系瓮。此外，在奉节白帝村墓群清理了一批唐代土洞墓，极具峡江地区特色。宋代墓葬的发现极少，万州瓦屋墓群发现同茔异穴的宋代墓葬 2 座，总体形制与渝西地区的宋代墓葬相近。明代墓葬在云阳小河湾墓群和鲢鱼山遗址有较为集中的发现，墓葬形制均为小型竖穴土坑，排列有序、分布密集，出土有造型多样的谷仓罐等遗物，为三峡地区明代墓葬考古增添了新的实物资料。

三、历史时期城址遗存

主要以宋元（蒙）战争山城考古为主题开展。宋元（蒙）山城是宋元（蒙）战争中南宋末期双方在四川境内修建的一系列军政合一的山城堡寨的总称,山城布局依山控水,借助地理形势构成军事防御体系,据文献记载分布于重庆的有20余处。以三峡后续工作大遗址保护为契机,峡江地区的宋元(蒙)战争山城考古掀起了新的高潮,尤其以奉节白帝城、云阳磐石城、万州天生城的工作最具代表性。

  地处夔门西口的奉节白帝城为宋元(蒙)战争山城防御体系西线的重要门户,被誉为宋元(蒙)战争山城防御体系"蜀中八柱"之一,视为"蔽吴之根本"。通过2017年的工作进一步廓清了南宋白帝城的空间格局,明确了"城连城、城中城、城外城"的多重城防体系,揭露了出一批以城墙、城门、墩台为代表的城防设施,集中发现一批南宋时期的火器实物,为宋蒙(元)战争山城防御体系的研究提供了最新实物资料。此次工作通过对子阳城樊家台、皇殿台等地点的发掘,确认了子阳城片区的城防布局为"台城与围城"的布局模式,还发现了一座保存较好的瓮城遗址,进一步丰富了白帝城遗址的城防设施类型。樊家台兵器坑、皇殿台瓮城出土17件铁雷(图一一),形态特征与文献所载"震天雷"类铁火炮相似,根据铁雷内部填充物X射线荧光分析结果,与《武经总要》中火炮火药方比例的含硫量占比31.8%较为接近。层位关系、共存遗物及测年数据均显示其时代为南宋末期,应为目前我国考古所见年代最早的火药实物及最完整的铁火炮实物,对古代战争史、科技史的研究具有重要意义。

  考古调查试掘情况表明,万州天生城始建于宋元(蒙)战争的历史背景之下。城址所在天城山为一南北向展布的脊状独立残丘,由鸭嘴壳、鹅公包、鹅公颈和天城山主体四部分组成。2017年的发掘工作取得了重要突破,调查新发现城(卡)门、城墙、采石场、炮台、道路等文物点28处,发掘城墙、城门、房址、道路、排水沟、水池、灰坑及石(砖)墙等各类遗迹

图一一 奉节白帝城遗址樊家台兵器坑(宋)

66 处。考古工作基本廓清了城址宋代以来内外两重城圈的布局结构，确认天生城由山顶台城、东外围城及北外子城三部分组成。首次发现了保存较好的宋代城垣、道路及采石场遗迹等，弥补了城址年代相关空白与缺环，支撑了真实性与完整性。将遗址本体的分布范围由孤立的山顶环城，向北扩大到西北鹅公包一带，向南扩大到东外二级山崖，印证了《宣相杨公攻取万州之记》中"一鼓而拔其外城"的相关记载。前后寨门（卡门）瓮城、东外城北门及鹅公包宋、清两个时期城门城墙的叠压关系，为研究城址变迁与沿革提供了重要线索。

忠县皇华城在《水经注》中称江浦，南宋咸淳年间忠州因度宗潜邸升咸淳府，移府治于此。城址地处长江之中的皇华岛上，三峡工程蓄水后面积约 1.5 平方千米，现为三峡库区最大的江中岛。2018 年 5 至 8 月，我院开展了对皇华城遗址考古调查试掘工作，调查发现墩台、城门、道路、采石场、墓地、水井等 55 处，确认 4 处遗存分布密集区，基本掌握了皇华城城圈闭合情况和城墙结构特征。城址由城圈闭合的山顶环城及分布于西北江边一带的外城墙构成，另于东北部构筑"一字墙"一段，自内城墙向下至二级台地。城址东北部为重点防御区，集中于溪沟两岸高地设置四处墩台，与城墙形成交叉打击面，一字城墙的设置亦与墩台有直接联系。阶段性考古工作找到了筑城之前及城墙废弃之初的地层堆积，以实物印证了皇华城宋末筑城史实。皇华城踞岛围城、环江为壕，在山城防御体系营造理念中别开生面、独树一帜。城址较好地保留了宋末以来的原始状况，明清及晚近以来没有大规模破坏重筑，相对其他山城，具有较高的原真性和完整性。

四、古代产业遗存

古代社会的一切经济活动和物质生活，都离不开传统工业及其产品；古代传统工业的进步，是推动古代社会生产力发展的重要动力；古代产业考古研究是检验古代社会进程的一把钥匙。重庆市拥有种类齐全的矿产资源，尤其是有色金属资源极为丰富。同时，还拥有丰富的地下卤水资源。冶金业和制盐业自古以来就是西南地区最为重要，也足以影响全国的支柱产业。此外，宋代以来重庆地区的制瓷业也逐步发展。在三峡后续考古工作中，制瓷、冶锌、制盐等方面遗存取得了多项重要收获，进一步凸显了重庆考古工作的鲜明特色，为我国产业考古研究提供了一批珍贵的实物资料。

（一）制瓷业遗存

主要集中在丰都县境内，其中比较重要的有沙溪嘴遗址、瓦啄嘴遗址、石板溪窑址、农花庙遗址和观石滩遗址等，以上遗址中均可见有保存较好的制瓷业遗存，窑址可见有马蹄窑和龙窑两种，时代以唐宋时期为主体，部分可延续至明清时期。其中，石板溪窑址位于文溪与长江交汇的三角形地带，2013 年发掘出龙窑 1 座，其时代可从五代延续至宋代。出土遗物以碗、罐、壶、盆、瓮、盏、碟、钵、杯、器盖等瓷器为主，多为灰褐胎或红褐胎，胎质较致密，青釉，釉面较粗糙，釉下施淡黄色化妆土。特别需指出的是，在发掘中还出土有少量釉下彩绘和有刻画装饰的器物残片，与邛窑此类装饰较为一致。窑具也有较多的发现，以支座、垫圈、匣钵居多。龙窑在重庆地区的发现较少，这一发现对了解峡江地区龙窑的形制结构与特点、装烧工艺以及民窑发展状况具有重要参考价值。

(二)冶锌遗存

由于锌独特的性质,其在冶炼还原过程极易挥发,因此在古代 8 种主要金属中,锌的出现时间最晚。明清时期锌主要用于制作黄铜钱币和其他黄铜制品,是一种重要的国家资源。三峡地区的炼锌遗址分布在丰都县镇江镇至忠县洋渡镇沿长江两岸台地,绵延 20 余千米,数量共计 21 处。其中,忠县临江二队遗址是三峡地区乃至全国目前发现并进行考古发掘的时代最早、面积最大的炼锌遗址(图一二),通过 2013 年以来先后开展的三次大规模考古工作,大大深化了对明代以来炼锌遗存的认识。在选址方面,多选择在沿江台地、坡地的临江面,附近多有冲沟、小溪,可利用长江运输原材料、产品以及便于将附近水源引入冶炼场,以满足冶炼过程用水,并借用临江地形高差和风向进行自然抽风,提高燃烧效率,同时有足够空间倾倒大量冶炼废弃物。冶炼工作区域以马槽形的冶炼炉为中心,炼炉两侧有柱洞,可供搭建工棚之用,其周围分布有堆煤坑、炼煤坑、拌泥坑、蓄水坑等一系列冶炼工作配套遗迹,为探讨我国古代"下

图一二　忠县临江二队遗址发掘区全景

火上凝"式炼锌工艺流程的产生、发展以及三峡地区古代政治、经济和社会发展水平具有重要意义。

（三）制盐业遗存

宁厂古镇盐业遗址地处后溪河狭长的南北两岸坡地上，于后溪河口渡口形成县境内南北向的交通干道节点，在大宁河口交汇处南岸接南至巫溪县城的栈道及古道，北岸接北至陕西镇坪、湖北竹县的古道。通过系统的调查、勘探及发掘工作，共计发现文物点80余处，时代涵盖两汉、明、清、民国及近现代。包括汉至南北朝时期崖墓4处，明清时期衙署遗址1处，交通遗址11处、寺庙遗址13处、古民居14处、山寨3处、明清至近现代制盐遗址39处，盐业相关建筑6处。可分为盐泉遗址、制盐遗址、宗庙遗址、衙署遗址、盐运道路、码头、民宅、输卤遗址及商业遗址等。基本厘清了宁厂古镇的生产、生活、商业系统、管理系统及宗教信仰。清理发掘明清时期制盐遗存1处，民国至近现代制盐遗址2处，包括制盐灶6处，炕盐灶2处，灰坑4处，灰沟6条，各种功用的卤水池40处，出土各种生产生活遗物18件。宁厂古镇盐业遗址中的盐灶是我国目前发现的保存最好、结构最清晰、规模最大、数量最多的盐灶群之一，遗址完整地揭露出宁厂古镇盐业遗址的生产、生活空间，展示了以盐灶为中心的生产布局结构，揭示了宁厂古镇清代至近现代制盐工艺流程，为中国盐业技术研究提供了珍贵的实物资料。宁厂是中国井盐技术近现代化发展的缩影，是历史传统技术与近现代化技术结合的典范，反映了传统的"泼卤印灶"与塔炉灶制盐技术的融合发展，再走向真空制盐的技术发展脉络，对建立和完善中国井盐技术发展史具有重要意义。

五、结　语

历经十年来持续不间断的工作，三峡后续考古在消落区文物保护方面抢救第一、及时保护，在大遗址考古方面深度介入、有效支撑，在取得了多项重要考古突破的同时，考古工作的公益属性得到了充分发挥。一是通过消落区文物抢救发掘，有效实现了对出露文物的及时保护，避免了因国有文物流失带来的不良影响，一度严峻的三峡库区文物保护形势得到了明显缓解；通过考古工作在三峡库区一批重要遗址保护与利用项目中的前置介入，有力支撑了遗址相关规划编制，大大推进了遗址保护利用的步伐和进程。二是根据三峡后续考古项目同时具备工程性与政策性的特征，在项目管理中实践了文物保护管理与实施的新机制，坚持合同管理制、项目协议制、检查验收制等，有效确保了项目实施的质量与科学性，开创了三峡后续考古的新局面，考古项目也是三峡后续文物保护工作中执行力最强、成效最显著的项目类别之一。三是科学取得了一批重要的考古收获，累计有3个项目入选"全国十大考古发现"终评，3个项目入选重庆"十二五"期间十大考古新发现。巫山大水田遗址进一步凸显了峡江地区大溪文化的边缘效应，先秦考古发现有效带动了峡江先秦考古学文化的谱系研究，奉节白帝城遗址出土了我国年代最早的铁火炮实物，忠县临江二队遗址是我国目前已确认的规模最大冶锌遗址等，进一步扩大了三峡地区考古在全国的影响力。四是大大充实了库区的文物资源，新发现了一大批遗址、墓葬，其中重要者已列入国家级、市级文物保护单位，库区不可移动文物的保护等级得到有效提升，出土的各类精美文物大幅充实了库区区县馆藏文物数量，进一步增强了库区的文化软实力。

目 录

重庆三峡后续工作考古收获综述 ⋯⋯⋯⋯⋯ iii

新石器时代

陶高领壶　2010BXH5：2 ⋯⋯⋯⋯⋯⋯ 2
陶卷沿罐　2010BXH5：1 ⋯⋯⋯⋯⋯⋯ 3
陶折沿罐　2015FNGW1：1 ⋯⋯⋯⋯⋯ 4
陶折沿罐　2015FNGW1：2 ⋯⋯⋯⋯⋯ 5
陶曲盘口罐　2018FSDH2：3 ⋯⋯⋯⋯ 6
陶卷沿罐　2018FSDH2：7 ⋯⋯⋯⋯⋯ 7
陶盆　2013FZHⅠT0301⑧：1 ⋯⋯⋯ 8
陶钵　2013FZQG1：1 ⋯⋯⋯⋯⋯⋯⋯ 8
陶圈足盘　2013FZQⅡT3⑥：1 ⋯⋯⋯ 9
陶盘　2013FZQⅡT3③：2 ⋯⋯⋯⋯⋯ 9
陶高领壶　2013FZHH6③：12 ⋯⋯⋯ 10
陶折沿罐　2013FZHH7：7 ⋯⋯⋯⋯⋯ 11
石锛　2018FSDT2③：6 ⋯⋯⋯⋯⋯⋯ 12
石锛　2018FSDH2：1 ⋯⋯⋯⋯⋯⋯⋯ 12
石锛　2018FSDT3③：6 ⋯⋯⋯⋯⋯⋯ 13
石锛　2013FZHⅠT0301⑫：1 ⋯⋯⋯ 13
石矛　2018FSD采：1 ⋯⋯⋯⋯⋯⋯⋯ 14
陶器盖　2014WQDM238：2 ⋯⋯⋯⋯ 15
陶器盖　2014WQDT0605⑨：1 ⋯⋯ 15
陶长颈壶　2014WQDM77：2 ⋯⋯⋯ 16
陶支座　2014WQDH90②：2 ⋯⋯⋯ 16

陶支座　2014WQDH124：3 ⋯⋯⋯⋯ 17
陶钵　2014WQDM212：2 ⋯⋯⋯⋯⋯ 18
陶盆　2014WQDM223：6 ⋯⋯⋯⋯⋯ 19
陶鼎　2014WQDH168：1 ⋯⋯⋯⋯⋯ 20
陶鼎　2014WQDM75：1 ⋯⋯⋯⋯⋯⋯ 21
陶圈足碗　2014WQDH150：1 ⋯⋯⋯ 22
陶圈足碗　2014WQDH168：3 ⋯⋯⋯ 23
陶圈足碗　2014WQDM125：1 ⋯⋯⋯ 24
陶圈足碗　2014WQDM138：3 ⋯⋯⋯ 25
陶圈足碗　2014WQDM117：1 ⋯⋯⋯ 26
陶簋　2014WQDM182：6 ⋯⋯⋯⋯⋯ 26
陶圈足盘　2014WQDH176：2 ⋯⋯⋯ 27
陶圈足盘　2014WQDM188：1 ⋯⋯⋯ 27
陶豆　2014WQDH150：3 ⋯⋯⋯⋯⋯ 28
陶杯　2014WQDH116：1 ⋯⋯⋯⋯⋯ 29
陶曲腹杯　2014WQDG3：1 ⋯⋯⋯⋯ 30
陶曲腹杯　2014WQDH105：2 ⋯⋯⋯ 31
陶铃　2014WQDT0912④：2 ⋯⋯⋯ 32
陶球　2014WQDH124：10 ⋯⋯⋯⋯⋯ 32
陶球　2014WQDT0505⑥：5-1 ⋯⋯ 33
陶球　2014WQDT0707④：9 ⋯⋯⋯ 33
陶球　2014WQDH124：10 ⋯⋯⋯⋯⋯ 33
陶面　2014WQDT0603⑥：11 ⋯⋯⋯ 34
石铲　2014WQDM118：4 ⋯⋯⋯⋯⋯ 35
石斧　2014WQDM157：3 ⋯⋯⋯⋯⋯ 36

石斧 2014WQDM214∶8	37
石斧 2014WQDT0909⑥∶6	38
石凿 2014WQDH5∶1	39
石凿 2014WQDM1∶4	39
石纺轮 2014WQDT0909⑥∶4	40
石镞 2014WQDM216∶1	40
石矛 2014WQDT0709④∶4	41
石车轮形饰 2014WQDM258∶4	42
石环形饰 2014WQDT0912⑤∶1	42
石环形饰 2014WQDM250∶2	43
石人形饰 2014WQDM92∶8	43
石人面形饰 2014WQDM204∶2	44
石穿山甲形饰 2014WQDT0912④∶6	45
石猪形饰 2014WQDM36∶03	45
石玦 2014WQDM142∶1	46
绿松石坠饰 2014WQDM105∶1	46
绿松石坠饰 2014WQDM223∶2	47
绿松石坠饰 2014WQDM231∶10	47
绿松石坠饰 2014WQDM120∶7	48
玉璜 2014WQDM29∶1	48
玉环 2014WQDM94∶2	49
玉璜 2014WQDM40∶1	50
玉璜 2014WQDM77∶1	50
玉玦 2014WQDT0905③∶7	51
玉玦 2014WQDM67∶1	51
玉坠饰 2014WQDM138∶6	52
玉坠饰 2014WQDT0910⑥∶9	52
玉缀饰 2014WQDM199∶2	53
玉鸟首形饰 2014WQDM199∶1	53
骨矛 2014WQDM199∶23	54
骨锥 2014WQDH217∶5	55
骨璧 2014WQDT0707⑤∶5	56
骨镯 2014WQDM62∶1	56

骨簪 2014WQDH217∶4	57
骨簪 2014WQDH217∶7	57

巴文化时期

陶釜 2014WQDM47∶1	60
陶小平底罐 2014WQDM47∶3	61
陶尖底罐 2015FNGT1⑤∶16	62
陶尖底杯 2016KZYT0732⑩∶114	62
陶尖底钵 2015FNGT5⑤∶4	63
陶尖底杯 2013FZHⅠT0201⑧∶2	63
陶尖底盏 2015FNGT1⑤∶22	64
陶圜底钵 2015FNGT1⑤∶19	64
陶圜底钵 2016KZYT0330⑩∶3	65
陶圜底罐 2016KZYT0631⑩∶8	65
陶花边圜底罐 2011FLBLT0505⑤∶10	66
石斧 2015FNGT2⑥∶3	67
石锛 2015FNGT1⑤∶4	68
石凿 2015FNGT2⑥∶2	68
陶圜底罐 2014WQDM10∶1	69
陶圜底罐 2014WQDH41∶1	70
陶圜底罐 2014WQDM25∶2	71
陶长颈罐 2014WQDM4∶5	72
陶鼎 2016WWGM14∶1	73
陶鼎 2011WXHM3∶1	74
陶鼎 2011WXHM4∶16	76
陶鼎 2012YBYM15∶5	78
陶敦 2016WWGM14∶2	79
陶敦 2016WWGM54∶3	80
陶壶 2013YQDM9∶2	81
陶壶 2012YBYM15∶2	82
陶壶 2011WXHM4∶1	83
陶豆 2012YBYM15∶3	84

陶盒	2013YQDM9：9	85
陶鬲	2012WWDM1：1	86
陶鬲	2012WWWM9：1	87
陶鬲	2016WWGM23：2	88
陶三足罐	2013YQDM3：4	89
陶盂	2012WWWM9：3	90
陶盆	2016WWGM23：3	91
陶匜	2016WWGM14：5	92
铜戈	2013WQBM17：2	93
铜戈	2012WWDM1：3	94
铜矛	2013WQBM26：1	95
铜矛	2014WQDM43：4	96
铜矛	2011WXHM4：9	98
铜矛	2012WWDM1：4	99
铜剑	2013WQBM23：1	100
铜剑	2013WQBM38：1	101
铜剑	2013YQDM2：1	102
铜剑	2011WXHM4：11	103
铜鐏	2012WWWM3：1	104
铜镞	2012WWDM1：5	105
铜壶	2011WXHM4：15	106
铜带钩	2013WQBM21：1	107
铜带钩	2013WQBM23：2	107
铜印章	2012YBYM9：01	108
玉发笄	2014YQTFM7：1	108
玉玦	2014WQDM103：1	109
玉玦	2014WQDM103：2	109

汉至六朝时期

陶鼎	2013WWCM18：2	112
陶鼎	2015WSWM12：1	113
陶盒	2010FJZM2：54	114
陶盒	2013WWCM30：3	115
陶方壶	2013FZHM2：01	116
陶壶	2014WXWM7：8	117
陶锺	2013FSMM10：12	118
陶罐	2016WWBHM4：1	119
陶罐	2013FZHM1：2	120
陶仓	2016WWGM41：14	121
陶器盖	2014CKHM5：20	122
陶井	2012ZWWM2：19	123
陶熏炉	2015WZHM7：16	124
陶熏炉	2016WWGM45：1	125
陶双联灶	2016WWGM41：1	126
陶龙灶	2013WWCM7：38	127
铜鍪	2012FZZM4：10	128
铜钫	2012FZZM4：9	129
鎏金铜盒	2014CKHM4：26	130
铜釜	2014CKHM2：3	131
铜釜	2010FJZM2：68	132
铜釜	2018ZYXM5：13	133
铁鍪	2013WWCM31：1	134
铁鍪	2013WWCM5：6	135
铜釜	2012FMSM2：18	136
铁釜	2013WWCM22：7	137
铜洗	2010FJZM2：39	138
铜洗	2010FJZM2：53	139
铜洗	2012FMSM2：8	140
铜锜	2016WWGM78：7	141
铜匕	2016WWGM44：2	142
铜匕	2016WWGM78：5	142
铜灯	2012FZZM2：7	143
铜灯	2012FZZM4：11	144
铜灯	2010FJZM1：13	145
铜镜	2014WXSM9：12	146

铜镜 2012FZZM11：9 …………… 148	陶楼 2012FHLM2：74 …………… 180
鎏金铜耳杯钮 2012FMSM2：35 …… 150	陶辟邪钱树座 2012FHLM2：56 …… 183
鎏金铜钮 2012FFMSM2：30 ……… 151	陶钱树座 2013FSMM11：40 ……… 186
鎏金铜钮 2012FFMSM2：31 ……… 151	陶钱树座 2014FNJM3：24 ………… 187
铜带钩 2014CKHM4：22 ………… 152	陶武士俑 2014FMXM3：1 ………… 188
铜带钩 2016WWGM71：10 ……… 153	陶执刀俑 2017FMPM7：22 ……… 189
鎏金铜带钩 2016WWGM78：10 … 153	陶执盾俑 2017FMPM7：11 ……… 190
铜簪 2016WWGM25：1 …………… 154	陶执盾俑 2012FMSM3：9 ………… 191
铜削 2016WWGM73：2 …………… 154	陶执锄俑 2012FHLM2：55 ……… 192
玉璧 2016WWGM26：1 …………… 155	陶出恭俑 2012FHLM2：43 ……… 193
玉璧 2016WWGM78：3 …………… 155	陶提囊俑 2012FHLM2：48 ……… 194
琉璃耳珰 2013WWCM22：1 ……… 156	陶抱囊俑 2012FHLM2：70 ……… 195
陶锤 2012YBYM6：19 …………… 157	陶舞蹈俑 2015FXM1：21 ………… 196
陶锤 2014CKHM9：10 …………… 158	陶提袋执便面俑 2015FXM1：24 … 197
陶锤 2013FSM11：8 ……………… 159	陶抚琴俑 2012FHLM2：59 ……… 198
陶带盖罐 2017ZYPM10：4 ……… 160	陶抚琴俑 2015FXM1：22 ………… 199
陶罐 2013ZYYM1：2 ……………… 161	陶拍乐俑 2012FHLM2：69 ……… 200
陶圜底罐 2013ZYYM1：3 ………… 162	陶拍乐俑 2012FHLM2：57 ……… 201
陶罐 2011CFHM4：1 ……………… 163	陶抚耳俑 2012FMSM3：30 ……… 202
陶瓮 2012FHLM2：11 …………… 164	陶吹箫俑 2017FMPM8：5 ………… 203
陶甑 2012ZWWM1：45 …………… 165	陶吹箫俑 2017FMPM7：15 ……… 204
陶钵 2011YBYM2：18 …………… 166	陶庖厨俑 2015FXM1：23 ………… 205
陶魁 2012FHLM2：14 …………… 166	陶马 2011CFHM5：1 ……………… 206
陶釜 2014FMXM3：12 …………… 167	陶子母鸡 2013FSMM20：21 …… 208
陶㼽 2012FMSM3：5 ……………… 168	陶子母鸡 2012FHLM2：73 ……… 209
陶案 2012FHLM2：8 ……………… 170	陶鸡 2015FXM1：28 ……………… 209
陶案 2011CFHM4：7 ……………… 171	陶猪 2015FXM1：29 ……………… 210
陶井 2017FMPM8：17 …………… 172	铜钫 2014CKHM9：18 …………… 211
陶博山炉 2013ZYYM1：22 ……… 173	铜鼎 2014CYDM6：19 …………… 212
陶兽座灯 2014FMXM3：6 ……… 174	铜簋 2014CKHM9：48 …………… 214
陶兽座灯 2012FFMSM3：6 ……… 175	铜釜 2014CKHM9：27 …………… 215
陶灶 2012WWWM1：3、7、16、19 … 176	铜洗 2014CKHM9：38 …………… 216
陶楼 2012FHLM2：65 …………… 177	铜盆 2018ZYXM1：16 …………… 217

鎏金铜钿　2013FSMM11∶10 …………… 218	瓷碗　2013FSMM12∶2 ……………………… 247
鎏金铜饰件　2013FSMM18∶28 ………… 218	瓷碗　2014FMXM4∶7 ……………………… 248
鎏金铜璧形棺饰　2013FSMM18∶30 …… 219	陶仓　2013WWLM1Ⅰ∶36 ………………… 249
鎏金铜棺饰组合　2012WLM4∶4、5 …… 220	陶塘　2013WWLM1Ⅰ∶70 ………………… 250
鎏金铜璧形棺饰　2012FHLM2∶56 ……… 222	陶塘　2013WWLM1Ⅱ∶8 ………………… 251
鎏金铜泡钉　2012YBYM1∶13 …………… 224	陶执刀俑　2013WWLM1Ⅰ∶1 …………… 252
鎏金铜带钩　2012FMSM3∶23 …………… 224	陶执刀俑　2013WWLM1Ⅱ∶77 ………… 253
铜鸟　2013FSMM11∶3 …………………… 225	陶执仗俑　2013WWLM1Ⅰ∶17 ………… 254
铜印章　2015FNGM2-1∶02 ……………… 225	陶奏乐俑　2013WWLM1Ⅱ∶37 ………… 255
铁釜　2018ZYXM1∶15 …………………… 226	陶骑马俑　2013WWLM1Ⅰ∶62 ………… 256
铁矛　2012FMCM2∶5 ……………………… 227	陶骑马俑　2013WWLM1Ⅰ∶64 ………… 257
铁环首刀　2015FZM13∶10 ……………… 228	釉陶狗　2010FJJM2∶18 …………………… 258
铁短刀　2013FSMM2∶5 ………………… 228	铜釜　2012FMCM1∶3 …………………… 259
铁镞　2014WXSM2∶11 ………………… 229	铜弩机　2015FZM12∶10 ………………… 259
铁锸　2013FSMM18∶26 ………………… 230	铜柿蒂形饰件　2012FFMCM1∶9 ……… 260
银指环　2014CYDM6∶24、25、26 …… 231	铜环　2013FSMM12∶27-1、27-2 ……… 260
碳晶饰件　2014FNMM4∶2、3 ………… 231	金镯　2015FZEM9∶2 …………………… 261
五色串珠　2014FMXM4∶5 ……………… 232	金饰件　2015WLM7∶12 ………………… 261
串饰　2013FSMM18∶27 ………………… 234	金桃形饰件　2015WLM7∶1 …………… 262
琉璃耳珰　2018ZYPM17∶46 …………… 235	琉璃串珠　2014FNMM8∶9 ……………… 263
琉璃耳珰　2014FNM6∶10 ……………… 235	绿松石料珠　2015FZEM4∶27 …………… 264
硬陶瓮　2017ZLM6∶27 ………………… 236	玛瑙珠　2015WLM7∶10 ………………… 264
瓷虎子　2015FZM12∶9 ………………… 237	石猪形饰　2015WLM5∶2 ………………… 265
瓷盘口壶　2013FSMM12∶22 …………… 238	石猪形饰　2015WLM7∶14 ……………… 265
瓷盘口壶　2015WLM9∶1 ……………… 239	
瓷盘口壶　2012FMCM1∶2 ……………… 240	## 隋唐至清时期
瓷鸡首壶　2015WLM3∶3 ………………… 241	
瓷唾壶　2014WXWM1∶1 ………………… 242	瓷多系罐　2015CYDM4∶1 ……………… 268
瓷砚　2015WLM9∶6 ……………………… 242	瓷执壶　2015WLDM8∶1 ………………… 269
瓷唾壶　2014FMXM4∶14 ………………… 243	瓷四系罐　2014FCM8∶1 ………………… 271
瓷四系罐　2012FFMCM1∶4 ……………… 244	瓷四系罐　2014FCM3∶1 ………………… 272
瓷双系罐　2014FNJM3∶2 ………………… 245	铜带具　2014FCM5∶1 …………………… 273
瓷钵　2011FMCM1∶6 …………………… 246	瓷器盖　2013FGSY1∶9 ………………… 274

瓷器盖　2016KZYT0832⑧：8 …………… 274

瓷双耳罐　2017FBZCM2①：3 …………… 275

瓷碗　2018FLGG8：17 …………………… 276

瓷碗　2018FLGTS05W14④：14 ………… 277

瓷碗　2015WLM8①：8 …………………… 278

瓷碗　2017FBZH1②：93 ………………… 279

瓷瓶　2018FLGTS05W14④：16 ………… 280

瓷盂　2016KZYF4：11 …………………… 281

陶棺　2015WLM8①：1 …………………… 282

铜象棋子　2018FLGTS01W11②：1 …… 286

铜镞　2017FBZT4②：1 …………………… 286

铜镞　2017FBZT2①：1 …………………… 287

铁镞　2017FBZH1②：12 ………………… 287

铁镞　2017FBZH1②：13 ………………… 288

铁蒺藜 2017FBZT13④：3～6、

　　　　2017FBZT13⑥：2 …………… 289

铁火炮　2017FBZCM2①：9 ……………… 290

铁火炮　2017FBZH1②：1 ………………… 290

铁夯头　2017FBZCQ1：1 ………………… 291

淳祐通宝　2017FBZT13④：2 …………… 291

石砚　2018FLGH19①：1 ………………… 292

陶兽面纹瓦当　2014FMCF2：4 ………… 293

陶花卉纹瓦当　2014WWDT385②：1 … 293

陶花卉纹瓦当　2014FMCT0101③：6 ……… 294

陶花卉纹瓦当　2014FMCT0302①：6 ……… 294

陶板瓦　2017FBZT13④：9 ……………… 295

陶砖　2018FLGF13①：6 ………………… 295

瓷碗　2017CYLM232：1 ………………… 296

瓷碗　2012YBYM20：2 ………………… 297

陶谷仓罐　2011YBYM20：3 …………… 298

陶谷仓罐　2016CYTM209：1 …………… 299

陶谷仓罐　2017CYLM244：2 …………… 300

釉陶谷仓罐　2017CYLM236：1 ………… 301

釉陶谷仓罐　2017CYXM1：2 …………… 302

陶炼锌罐（未使用）2014ZYLT1007⑨b：9

　………………………………………… 303

陶炼锌罐（已使用）　2014ZYLT1007⑨b：8

　………………………………………… 304

陶鸱尾　2018FLGF5废①：12 …………… 305

陶瓦当　2018FLGF5废①：40 …………… 306

陶滴水　2018FLGF5废①：1 ……………… 306

青花云龙纹瓷将军盖罐　2010CBLM2：1

　………………………………………… 307

青花缠枝莲球形瓷盖罐　2010CBLM2：2

　………………………………………… 308

青花"早生（升）仙界"瓷盖罐　2010CBLM2：3

　………………………………………… 309

后记 ……………………………………… 310

新石器时代

　　重庆地区新石器时代的考古学文化存在着渝东地区土著新石器文化和大溪文化两支不同的考古学文化系统。前者位于瞿塘峡以西，从新石器时代中期开始，经历了玉溪下层文化、玉溪上层遗存、玉溪坪文化、中坝文化等几个发展阶段，始终保留自身特色，一脉相承。大溪文化在重庆库区主要在瞿塘峡以东，以巫山及其邻近地区最为集中，典型遗址有大溪遗址、人民医院遗址、欧家老屋遗址等。

　　在三峡后续考古工作中，除玉溪下层文化遗存外，土著新石器文化遗存都有不同程度的发现。本书所选的卷沿鼓肩罐、高领壶共出于巴南区熊家湾遗址的一座灰坑中，可能反映了四川盆地内某种共同的山川祭祀行为。折沿深腹平底罐是玉溪坪文化的典型陶器，中坝文化陶器则有卷沿深腹罐、高领壶、盆、钵、盘等。石器出土数量虽多，但种类较为单一，以磨制石锛为主，双孔石矛在既往的发现中较为少见。大溪文化遗存的发现集中在巫山大水田遗址。陶器以圈足的钵、簋、杯、碗、盘、豆为主，以及极具该文化特色的鼎、球、拱嘴形支座等，较为完整地展现了峡江地区大溪文化的陶器组合。石、骨、玉器等基本可以分为两大类，一是铲、凿、矛、镞等工具或兵器，是展现这一时期人类生产生活的重要实物样本；二是不同质地、样式众多的饰品，除环、璜、玦、镯等佩饰外，大量的是以墨石、绿松石、玉等为材料的环状、人形、人面、动物等坠饰，不仅反映了大溪先民的独特审美，也应与大溪文化生育崇拜、图腾崇拜、祖先崇拜等原始信仰有着不可分割的联系。

陶高领壶　2010BXH5∶2

新石器时代玉溪上层文化
巴南熊家湾遗址出土
口径 12.8、腹径 20.8、底径 9、通高 20.2、壁厚 0.7 厘米

　　泥质红褐陶。敞口，卷沿外翻，尖圆唇，高束领，溜肩，鼓腹，平底内凹。素面。

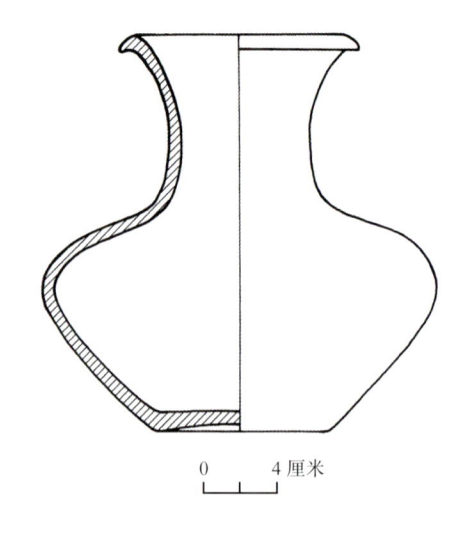

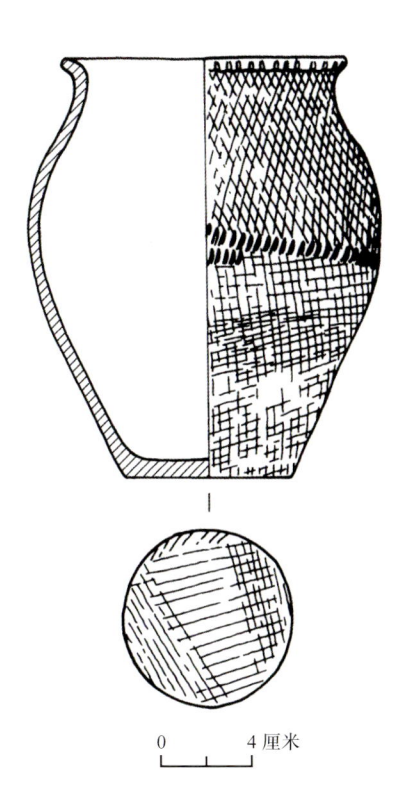

陶卷沿罐　2010BXH5：1

新石器时代玉溪上层文化
巴南熊家湾遗址出土
口径 12.6、腹径 15.6、底径 7.6、通高 18、壁厚 0.5 厘米

夹砂红褐陶。侈口，卷沿，圆唇，矮领，溜肩，微鼓腹，平底。口部为绳切纹，上腹部饰细绳纹菱格纹，中腹部戳印一周指甲纹，下腹部饰横向细绳纹菱格纹，外底部饰交叉细绳纹。

陶折沿罐　2015FNGW1∶1

新石器时代玉溪坪文化
涪陵古坟坝遗址出土
口径40、最大腹径39.2、底径14、高35厘米

　　夹砂黄褐陶。侈口，方唇，束颈，弧腹，平底。唇面饰粗绳纹，腹部及底部饰网格纹，下腹部饰一周附加堆纹。

陶折沿罐　2015FNGW1∶2

新石器时代玉溪坪文化
涪陵古坟坝遗址出土
口径 41.2、最大腹径 42.4、底径 17、高 55 厘米

夹砂黄褐陶。侈口，方唇，束颈，深弧腹，平底。唇面饰粗绳纹，腹部及底部饰网格纹，腹部饰一周附加堆纹。

陶曲盘口罐　2018FSDH2：3

新石器时代中坝文化
涪陵大河口遗址
口径 20、底径 9.5、高 22、厚 0.6 厘米

夹砂灰褐陶。敞口，圆唇，瘦腹微弧，平底略内凹。器表凹凸不平，口沿处经慢轮修整。上腹饰竖绳纹略右斜，下腹近底部饰左斜绳纹。

陶卷沿罐　2018FSDH2∶7

新石器时代中坝文化
涪陵大河口遗址出土
口径 19.1、腹径 14.6、底径 7、高 23.7、厚 0.7 厘米

夹砂红褐陶，陶色不均，口沿内外磨光。侈口，圆唇，微束颈，深腹，平底。腹部饰箍带纹，近底部饰斜向细绳纹。

陶盆 2013FZHⅠT0301⑧:1

新石器时代中坝文化
涪陵黄荆背遗址出土
口径 30、底径 12.2、高 12.7 厘米

　　泥质红陶。圆唇，口微敛，斜弧腹，平底。口沿外侧饰一周凹弦纹。

陶钵 2013FZQG1:1

新石器时代中坝文化
涪陵渠溪口遗址出土
口径 17、底径 7.8、高 5.4 厘米

　　泥质灰陶。圆唇，敛口，鼓腹斜收，平底微内凹。素面。

陶圈足盘　　2013FZQⅡT3⑥：1

新石器时代中坝文化
涪陵渠溪口遗址出土
口径 26、足径 9.6、高 6.4 厘米

　　夹砂红褐陶。敞口，口沿略内折，方唇，斜弧壁，圈足极浅。器身饰多道横向平行的刻划纹，足上部有压印形成的花边。

陶盘　　2013FZQⅡT3③：2

新石器时代中坝文化
涪陵渠溪口遗址出土
口径 24.3、底径 9、高 17 厘米

　　泥质灰陶。敞口，圆唇，斜弧腹，平底。素面。

陶高领壶　2013FZHH6③：12

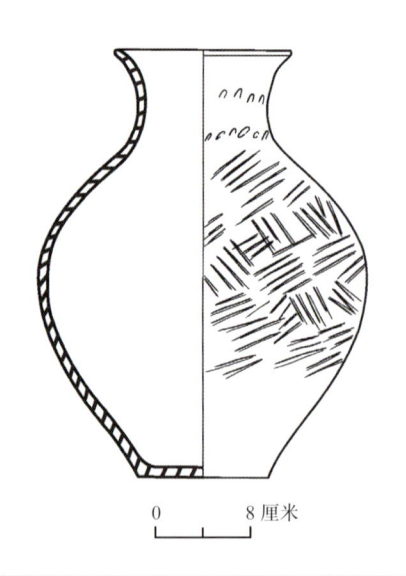

新石器时代中坝文化

涪陵黄荆背遗址出土

口径 14.6、腹径 26.5、底径 11.2、通高 34.5 厘米

泥质红陶。侈口，圆唇，高领，溜肩，弧腹内收，平底。颈部饰两周戳印纹，肩部以下遍饰交错绳纹。

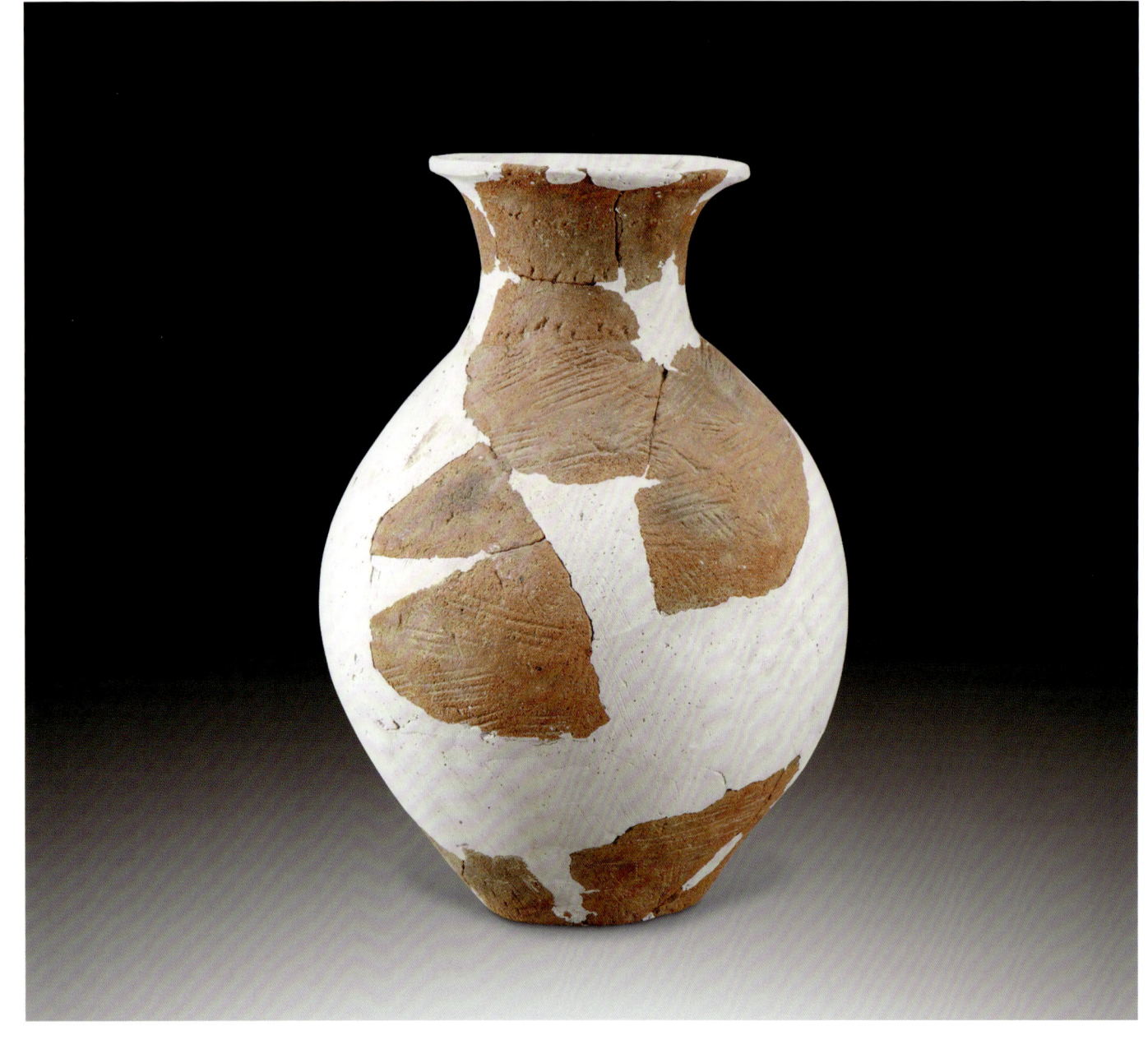

陶折沿罐　2013FZHH7：7

新石器时代中坝文化
涪陵黄荆背遗址出土
口径 25.2、底径 10.4、通高 26.9 厘米

夹砂灰陶，口沿内壁磨光。尖圆唇，敞口，微束颈，深弧腹，平底。器身外壁饰不规则划痕。

石锛　2018FSDT2③∶6

新石器时代中坝文化
涪陵大河口遗址出土
长 3.8、肩宽 2.4、刃宽 3.2、厚 1.5 厘米

　　黄褐色砾石。通体磨光。近似梯形，弧顶，双面直刃，刃较锋利。

石锛　2018FSDH2∶1

新石器时代中坝文化
涪陵大河口遗址出土
长 4.1、肩宽 2.8、刃宽 3、厚 0.6 厘米

　　浅黄色石英石。通体磨光。近似梯形，圆弧顶，双面直刃，刃部锋利，刃部一侧边角残缺。

石锛　2018FSDT3③：6

新石器时代中坝文化
涪陵大河口遗址出土
长 4.4、肩宽 2.1、刃宽 2.6、厚 0.6 厘米

　　赭红色砾石。通体磨光。整体似梯形，小巧精致，平顶，斜肩，双面刃，刃较锋利。

石锛　2013FZHIT0301：1

新石器时代中坝文化
涪陵黄荆背遗址出土
长 8.6、宽 4.6、刃宽 2.6、厚 1.8 厘米

　　赭红色砾石，局部脱落。通体磨光。小平顶，斜肩，双面刃。

石矛　2018FSD采：1

新石器时代中坝文化
涪陵中坝遗址出土
长 8.1、宽 4.6、厚 1.2 厘米，孔径 0.7～1.2、孔距 2.5 厘米

　　灰白色泥质砂岩。磨制而成。器身上、下部各有一钻孔，钻孔浑圆，单面钻，双面刃，刃部略有缺损。

陶器盖　　2014WQDM238∶2

新石器时代大溪文化
巫山大水田遗址出土
纽径 6.2、高 2.3、盖口径 16、通高 7 厘米

　　泥质红皮陶。盝斗形，环形捉手内凹，盖面上腹有一周凸棱，折腹，敞口，圆唇。

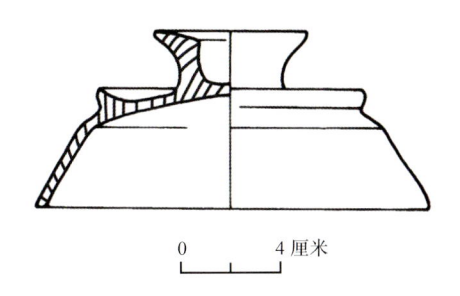

陶器盖　　2014WQDT0605⑨∶1

新石器时代大溪文化
巫山大水田遗址出土
口径 9.4、捉手高 3、通高 6.6 厘米

　　夹砂红褐陶，黑皮。鸡冠形捉手，覆斗形。

陶长颈壶　2014WQDM77∶2

新石器时代大溪文化
巫山大水田遗址出土
口径 5、腹径 8.8、高 7.4 厘米

夹砂红褐陶。敞口，卷沿，尖圆唇，高领，鼓腹，平底内凹。素面。

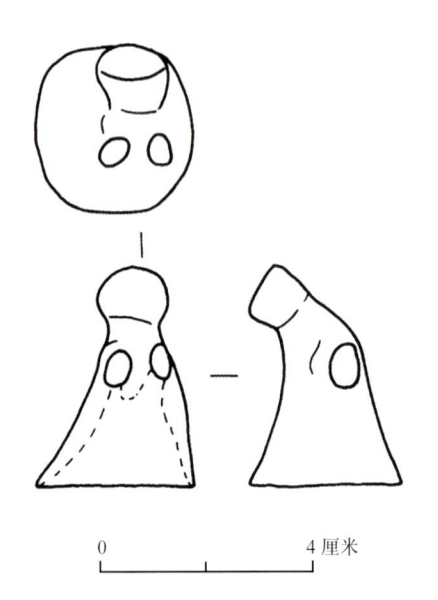

陶支座　2014WQDH90②∶2

新石器时代大溪文化
巫山大水田遗址出土
顶面径 1、圈足径 3、高 4 厘米

夹砂红陶。捏塑而成。上细下粗，斜顶。背部有两个椭圆形穿孔。

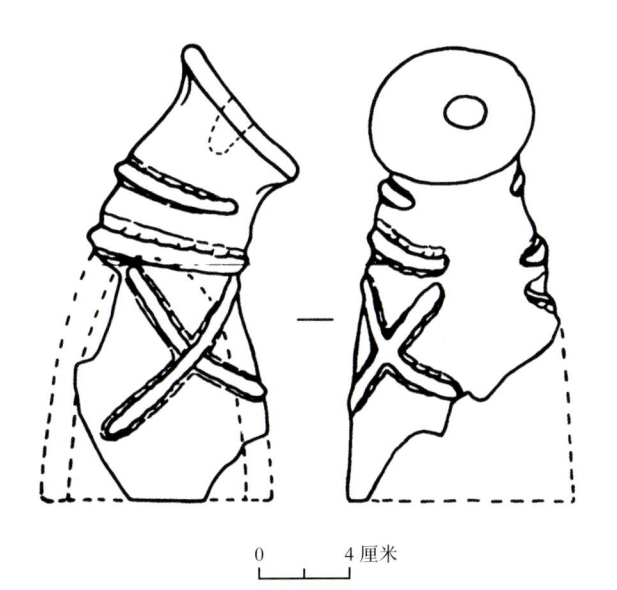

陶支座　2014WQDH124:3

新石器时代大溪文化
巫山大水田遗址出土
顶面径 7.2、圈足径 10.7、高 20 厘米

　　夹砂红陶。斜顶，顶部有圆孔，颈部较长。颈下饰两周凸棱，腹部一侧饰交叉凸棱，棱上有按压浅指窝痕，另一侧残缺严重。

陶钵　2014WQDM212∶2

新石器时代大溪文化
巫山大水田遗址出土
口径20、腹径20.8、底径8、高10厘米

　　泥质红陶，施红色陶衣，内底为黑色。敛口，方圆唇，弧腹，平底内凹。素面。

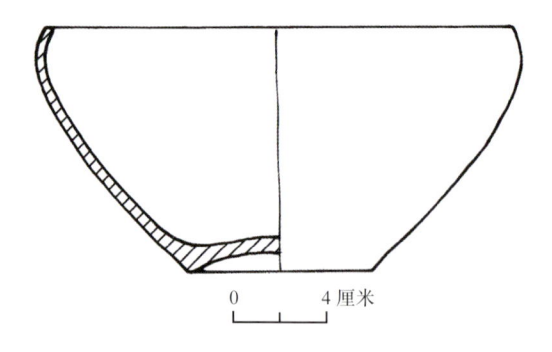

陶盆　2014WQDM223：6

新石器时代大溪文化
巫山大水田遗址出土
口径 25、底径 8、高 6.5 厘米

泥质红陶，施红色陶衣。敞口，卷沿，圆唇，弧腹，凹底。素面。

陶鼎 2014WQDH168：1

新石器时代大溪文化
巫山大水田遗址出土
口径8、腹径9.2、通高7.4厘米，足高0.6、宽1.2厘米

泥质红陶。侈口，斜折沿，鼓腹，素面。

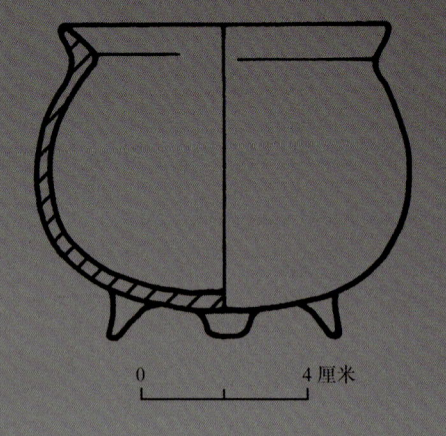

0　　　4厘米

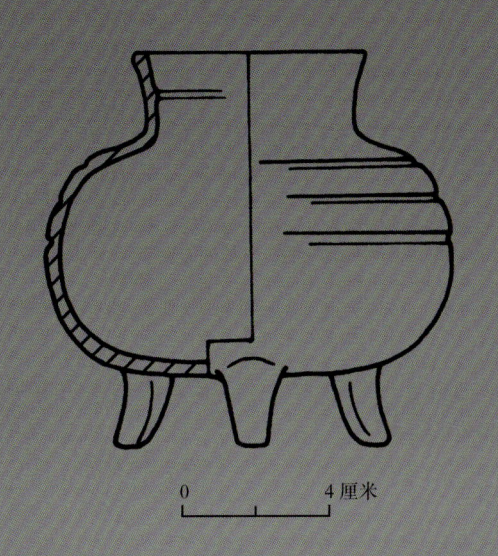

陶鼎　2014WQDM75∶1

新石器时代大溪文化
巫山大水田遗址出土
口径 6.4、腹径 11.2、通高 10.4、足高 2.4 厘米

泥质灰陶。直口微侈，高领，球形腹，锥状足。内壁口沿下方饰一周凸弦纹，外壁上腹部饰三周凹弦纹。

陶圈足碗　2014WQDH150∶1

新石器时代大溪文化
巫山大水田遗址出土
口径 14、最大腹径 16.4、圈足径 10.6、高 12.2 厘米

　　泥质红陶，外施红色陶衣，内壁及口沿外侧均为黑色。敛口，尖圆唇，斜弧腹较深，圈足外撇。口沿外侧饰一周凹弦纹。

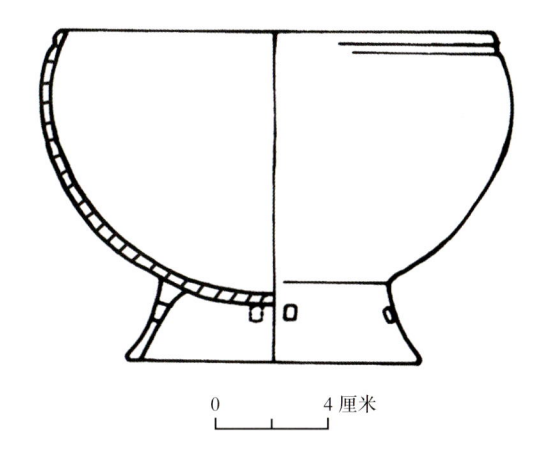

陶圈足碗　2014WQDH168：3

新石器时代大溪文化
巫山大水田遗址出土
口径 15.4、圈足径 10.6、高 11.4 厘米

　　泥质红衣陶，内壁及口沿外侧为黑色。敛口，弧腹，腹部微鼓，圈足外撇。口沿外侧饰凹弦纹一周，圈足饰四组对称分布、横向排列的长方形钻孔，每组两个。

陶圈足碗　2014WQDM125∶1

新石器时代大溪文化
巫山大水田遗址出土
口径 15.6、圈足径 9.6、足墙高 2.4、通高 6.8 厘米

　　泥质黑陶。敞口，尖圆唇，斜弧腹，圈足略外撇。器身与圈足系套接而成。素面。

陶圈足碗　2014WQDM138：3

新石器时代大溪文化
巫山大水田遗址出土
口径 14、圈足径 8.4、高 7.6 厘米

泥质灰陶。敞口，尖圆唇，深弧腹，圈足外撇。素面。

陶圈足碗　2014WQDM117：1

新石器时代大溪文化
巫山大水田遗址出土
口径 16、圈足径 11.4、足高 2、通高 12.2 厘米

泥质红陶。微敞口，尖圆唇，斜腹略弧，中腹微折，下腹斜收，喇叭形圈足，圈足略外撇，内底略凹。

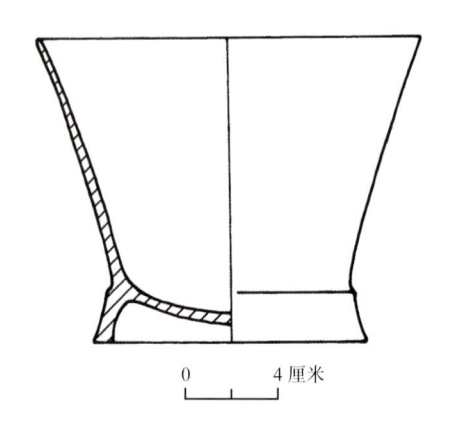

陶簋　2014WQDM182：6

新石器时代大溪文化
巫山大水田遗址出土
口径 9.2、腹径 8、圈足径 6.8、高 6 厘米

泥质灰陶。口微敞，尖圆唇，直腹，高圈足。中腹饰两周凹弦纹，圈足上下饰两周戳印纹共四组，每组两个，未穿透。

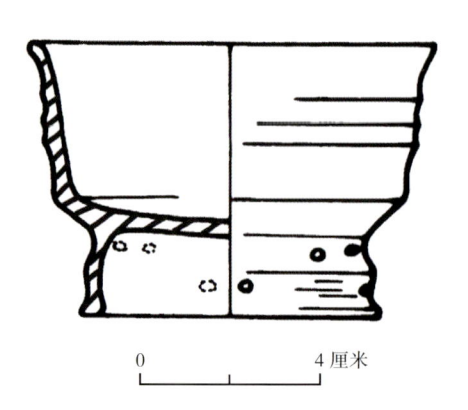

陶圈足盘　2014WQDH176：2

新石器时代大溪文化
巫山大水田遗址出土
盘口径 15.2、圈足径 11.8、高 10.4 厘米

　　泥质红陶，施红色陶衣，剥落严重。敛口，浅弧腹，高圈足。

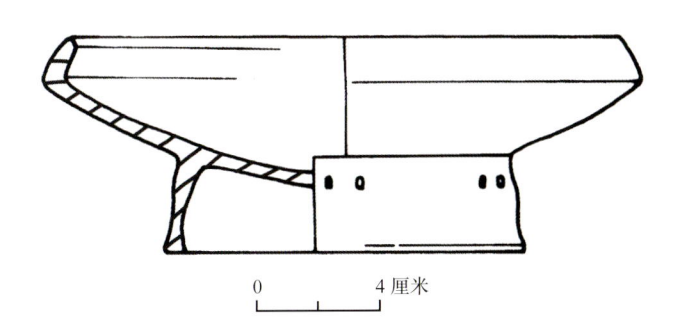

陶圈足盘　2014WQDM188：1

新石器时代大溪文化
巫山大水田遗址出土
口径 17.6、圈足径 11.6、高 6.8 厘米

　　泥质灰陶。敛口，浅弧腹，矮圈足。圈足上有长条形戳印纹，共四组，每组两个。

陶豆　2014WQDH150∶3

新石器时代大溪文化
巫山大水田遗址出土
口径 14.4、最大腹径 15.6、圈足径 10.8、高 10.8 厘米

　　泥质红陶，施红色陶衣，部分剥落，内底为黑色。敛口，弧腹较深，圈足外撇。

陶杯 2014WQDH116:1

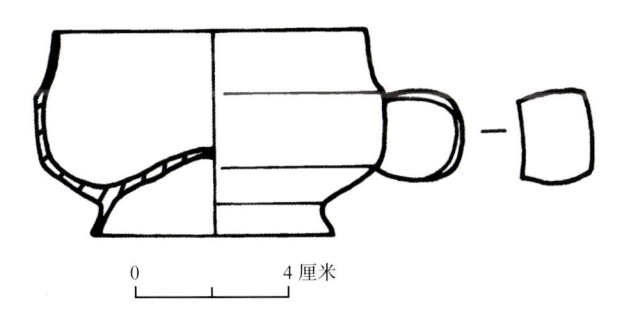

新石器时代大溪文化
巫山大水田遗址出土
口径8.2、腹径9.2、圈足径6.4、通高5.2、耳宽1.8厘米

泥质黄褐陶，外施红色陶衣，部分剥落。口微敛，尖圆唇，腹部较直，下腹斜收，圈足略外撇，内底凸起，桥形耳。

陶曲腹杯　　2014WQDG3：1

新石器时代大溪文化
巫山大水田遗址出土
口径 14.2、圈足径 7.6、高 9 厘米

　　泥质磨光黑陶。敛口，尖圆唇，上腹弧曲，下腹较瘦，矮圈足。

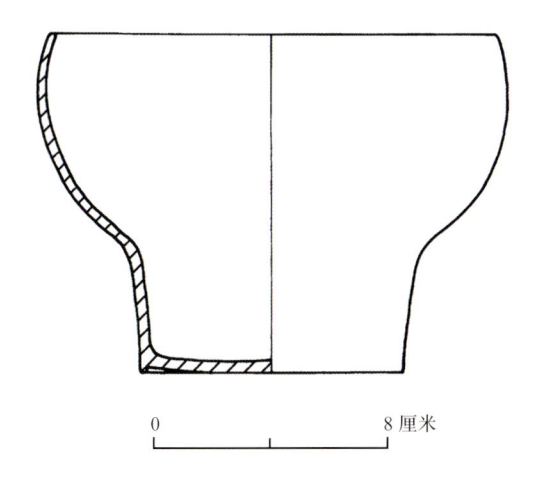

陶曲腹杯　2014WQDH105∶2

新石器时代大溪文化
巫山大水田遗址出土
口径15.4、底径9.1、高11.2厘米

　　泥质磨光黑皮陶。口微敛，尖圆唇，上腹较深，下腹较粗略内收，圈足近直。

陶铃　2014WQDT0912④：2

新石器时代大溪文化
巫山大水田遗址出土
纽高 2.4、孔径 0.8、腹径 5.5、通高 7.8 厘米

　　夹砂红褐陶。椭圆形，带纽，中间有穿孔，中空。器身戳印圆涡纹。

陶球　2014WQDH124：10

新石器时代大溪文化
巫山大水田遗址出土
直径 2 厘米

　　泥质红陶。实心。素面。

陶球　2014WQDT0505⑥：5-1

新石器时代大溪文化
巫山大水田遗址出土
直径 3 厘米

　　泥质红陶。空心。有对称的圆形穿孔和划纹。

陶球　2014WQDT0707④：9

新石器时代大溪文化
巫山大水田遗址出土
直径 2.8 厘米

　　泥质红陶。空心。有呈"十"字交叉的戳印点纹。

陶球　2014WQDH124：10

新石器时代大溪文化
巫山大水田遗址出土
直径 3.1 厘米

　　泥质红陶。空心。顶部饰双排呈十字交叉戳印点纹，中、下部饰四周戳印点纹。

陶面 2014WQDT0603⑥：11

新石器时代大溪文化
巫山大水田遗址出土
宽3.9～9.4、高8.4厘米

泥质灰陶。略呈倒梯形，中上部两侧对称钻有两个圆孔，周缘制作规整。

石铲　2014WQDM118：4

新石器时代大溪文化
巫山大水田遗址出土
长24.3、顶宽6、刃宽9.4、厚1、孔径0.9厘米

乳白色。通体磨制。长条形，弧顶残，中部略厚，两侧较薄，弧刃，中锋。

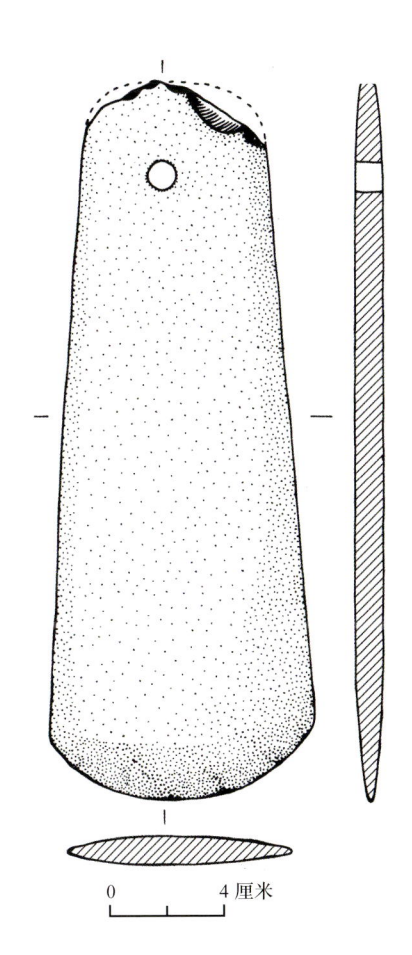

石斧　2014WQDM157∶3

新石器时代大溪文化
巫山大水田遗址出土
长 17、顶宽 6.5、刃宽 10.2、厚 2.8 厘米

浅绿色砾石。通体磨制。平面近梯形，弧形顶，两侧斜直，弧形刃，双面磨制，中锋。

石斧　2014WQDM214：8

新石器时代大溪文化
巫山大水田遗址出土
长 15.5、顶宽 7.2、刃宽 9、厚 2.5 厘米

　　灰色砾石。通体磨制。平面近梯形，弧形顶，两侧斜直，弧刃，双面磨制，中锋。

石斧 2014WQDT0909⑥:6

新石器时代大溪文化
巫山大水田遗址出土
通长 22.1、顶宽 7.5、刃宽 11.2、厚 3 厘米

浅绿色砾石。通体打磨。长条形，弧形顶，两侧斜直，有较多崩疤，较粗糙，弧形刃，双面磨制，中锋。

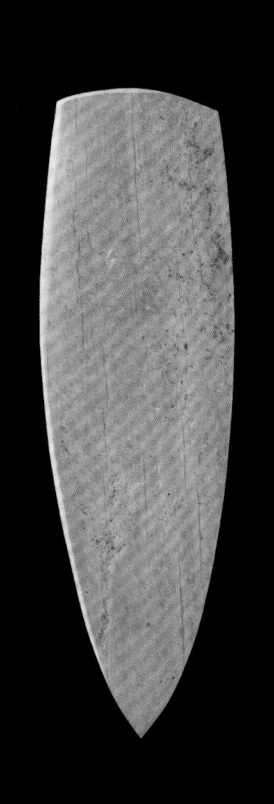

石凿　2014WQDH5：1

新石器时代大溪文化
巫山大水田遗址出土
长 7.7、顶宽 2.5、刃宽 3.5、厚 1.8 厘米

　　灰色砾石。通体磨制。弧顶，弧刃，中锋。

石凿　2014WQDM1：4

新石器时代大溪文化
巫山大水田遗址出土
长 8.7、宽 4.4、厚 1.1 厘米

　　深灰色砾石。顶部为弧形，单面刃，直刃，中锋。

石纺轮　2014WQDT0909⑥：4

新石器时代大溪文化
巫山大水田遗址出土
直径4.4～4.6、孔径0.8、厚0.3～0.8厘米

　　黑色。磨制精细。平面近圆形，中有穿孔，中部厚、边缘略薄。正面饰有漩涡状刻划纹。

石镞　2014WQDM216：1

新石器时代大溪文化
巫山大水田遗址出土
残长7.2厘米

　　青灰色。通体磨制。柳叶形，剖面呈菱形。

石矛　2014WQDT0709④：4

新石器时代大溪文化
巫山大水田遗址出土
长 30.5、宽 4.6、厚 0.6 厘米

灰白色砾石。通体磨制。平面呈尖锥形，正面中部起脊，另一面较平，弧形刃，偏锋。有使用痕迹。

石车轮形饰　2014WQDM258∶4

新石器时代大溪文化
巫山大水田遗址出土
直径 3.2、厚 0.2、高 1.1 厘米

　　黑色。中部隔断三等分呈车轮状，隔断上部中央有突起。

石环形饰　2014WQDT0912⑤∶1

新石器时代大溪文化
巫山大水田遗址出土
孔径 1.5、壁厚 0.2、高 1 厘米

　　中部隔断呈"一"字。隔断中部正反均雕刻人面，方向相反。

石环形饰 2014WQDM250:2

新石器时代大溪文化
巫山大水田遗址出土
上缘径 2.4、下缘径 2、孔径 1.2～1.4、壁厚 0.2、高 1.4 厘米

中空，上缘呈连续锯齿状。

石人形饰 2014WQDM92:8

新石器时代大溪文化
巫山大水田遗址出土
长 7、宽 4、厚 2 厘米

制作较精细，为女性形象。上部有两穿孔。腿上抬与胳膊相接。身体各部位刻划清晰，女性生殖器官明显夸张。

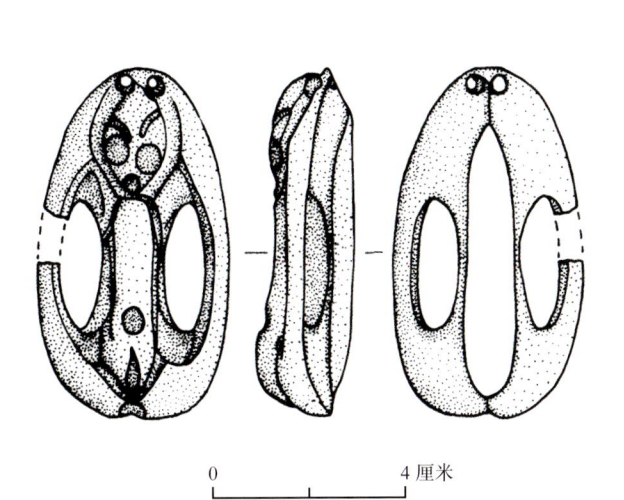

石人面形饰　2014WQDM204∶2

新石器时代大溪文化
巫山大水田遗址出土
长 4.8、宽 4.3、厚 0.6 厘米

雕刻精细，右侧残缺。正面雕刻人面，略凸起，五官雕刻清晰，比例恰当。顶部偏左有三角形穿孔，两侧为圆形穿孔，已残。

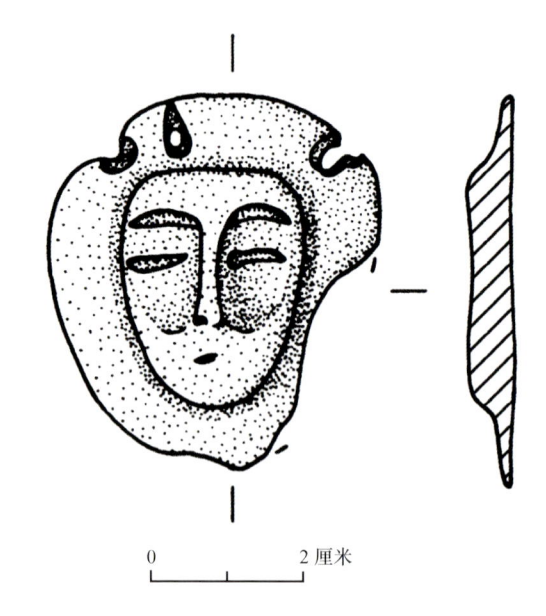

石穿山甲形饰　　2014WQDT0912④∶6

新石器时代大溪文化
巫山大水田遗址出土
长 6、宽 1.6、高 2.5 厘米

　　通体磨光。口稍残、微张，小眼，体态丰满。背部有穿孔，腰部有一道刻槽。

石猪形饰　　2014WQDM36∶03

新石器时代大溪文化
巫山大水田遗址出土
残长 7、宽 2.2、高 2.7 厘米

　　长吻，体态丰满，眼部有细小穿孔，尾部残。

石玦 2014WQDM142:1

新石器时代大溪文化
巫山大水田遗址出土
直径5.8、肉宽1、厚0.1～0.4厘米

浅绿色。通体研磨，部分石皮脱落。平面呈圆形，截面呈梯形，内宽外窄，一侧有缺口，另一侧为对穿的两个穿孔。

绿松石坠饰 2014WQDM105:1

新石器时代大溪文化
巫山大水田遗址出土
长2.4、宽1.9、厚0.6厘米

平面近梯形，上端较薄，下端较厚，上端有穿孔，单面穿孔。

绿松石坠饰　2014WQDM223：2

新石器时代大溪文化
巫山大水田遗址出土
长 2.2、宽 0.7～1.6、厚 0.2 厘米

梯形，顶端中部有一个单面钻孔。

绿松石坠饰　2014WQDM231：10

新石器时代大溪文化
巫山大水田遗址出土
长 6、宽 1.3～2.9、厚 0.2 厘米

平面近梯形，另一面为黑色石面，上端有一个单面穿孔。

绿松石坠饰　2014WQDM120：7

新石器时代大溪文化
巫山大水田遗址出土
长 5.5、宽 1.6~3.1 厘米

平面近梯形，部分脱落，一面为蓝色，一面为黑色，上端有一个对穿穿孔。

玉璜　2014WQDM29：1

新石器时代大溪文化
巫山大水田遗址出土
长径 11.5、肉宽 5.7、厚 0.1～0.3 厘米

青白色。半璧形，截面呈长条形，上端两侧各有一个单面穿孔。

玉环　2014WQDM94∶2

新石器时代大溪文化
巫山大水田遗址出土
直径 8.9、宽 1.2、厚 0.3～0.9 厘米

浅绿色。平面呈圆形，截面呈半椭圆形，内壁较厚，边缘略薄，中部有裂痕，裂痕两侧有多个穿孔。

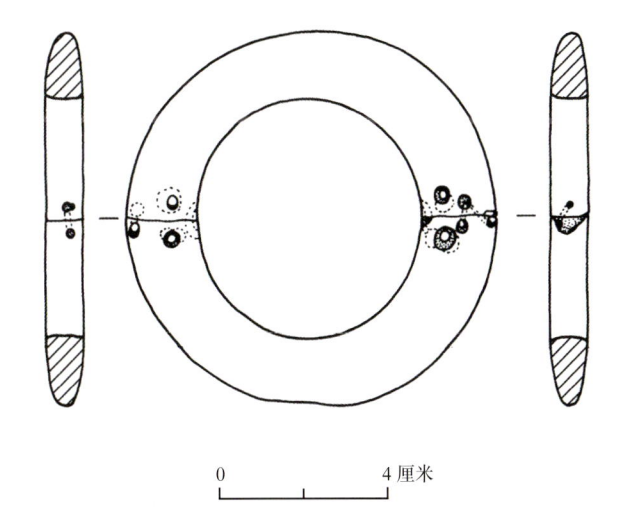

玉璜　2014WQDM40∶1

新石器时代大溪文化
巫山大水田遗址出土
长径 17.6、肉宽 1～1.2、厚 0.2～1 厘米

　　弧形。白色较透明，截面呈椭圆形，中间略厚，两侧略薄，两端各有一个对穿孔。

玉璜　2014WQDM77∶1

新石器时代大溪文化
巫山大水田遗址出土
长径 12.6、肉宽 2.7、厚 0.1～0.2 厘米

　　青白色。半璧形，截面呈长条形，边缘呈锯齿状，上端两侧各有一个对穿孔，中部有裂痕，裂痕两侧有小穿孔。

玉玦　2014WQDT0905③∶7

新石器时代大溪文化
巫山大水田遗址出土
直径 3.6、肉宽 1.3、厚 0.5 厘米

　　浅黄色，较透明。圆形，一侧有缺口，截面为椭圆形。

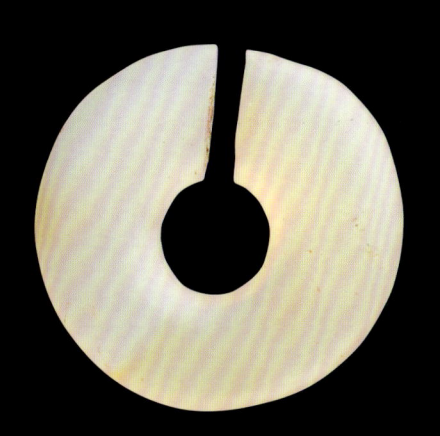

玉玦　2014WQDM67∶1

新石器时代大溪文化
巫山大水田遗址出土
直径 5、宽 1.3、厚 0.5 厘米

　　白色。截面呈长条形，一侧有裂痕，裂痕两侧有两个穿孔，均未穿透。

玉坠饰　2014WQDM138：6

新石器时代大溪文化
巫山大水田遗址出土
长 5.3、宽 2.1、厚 0.5 厘米

　　墨绿色。平面近三角形，上端略凸起，有刻痕，并有一个单面穿孔。

玉坠饰　2014WQDT0910⑥：9

新石器时代大溪文化
巫山大水田遗址出土
长 2、宽 0.5～1.3、厚 0.2 厘米

　　青绿色。平面近梯形，顶部稍斜，顶部有一蛋形孔。

玉缀饰　2014WQDM199：2

新石器时代大溪文化
巫山大水田遗址出土
残长 2.3、宽 2.2、厚 0.4 厘米

　　青绿色。残存部分近三角形，残存三个穿孔。

玉鸟首形饰　2014WQDM199：1

新石器时代大溪文化
巫山大水田遗址出土
长 5、宽 2、高 3.4 厘米

　　墨绿色。长喙，眼为对穿孔。

骨矛　2014WQDM199:23

新石器时代大溪文化
巫山大水田遗址出土
残长 24.5～26.4、宽 4.6、厚 0.7 厘米，尾端宽 3.1、厚 1 厘米

　　通体磨制。截面呈菱形，中部厚，两侧略薄，尖部及尾部残。

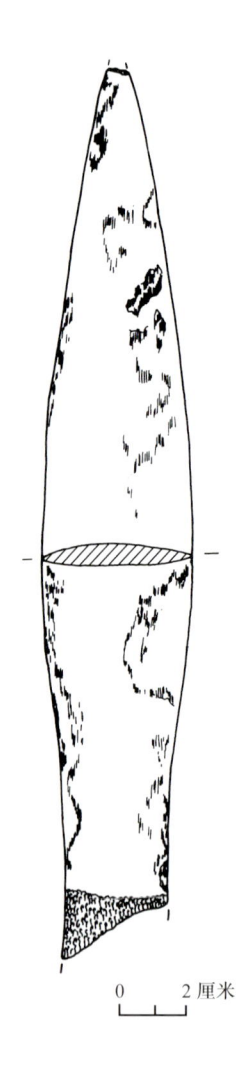

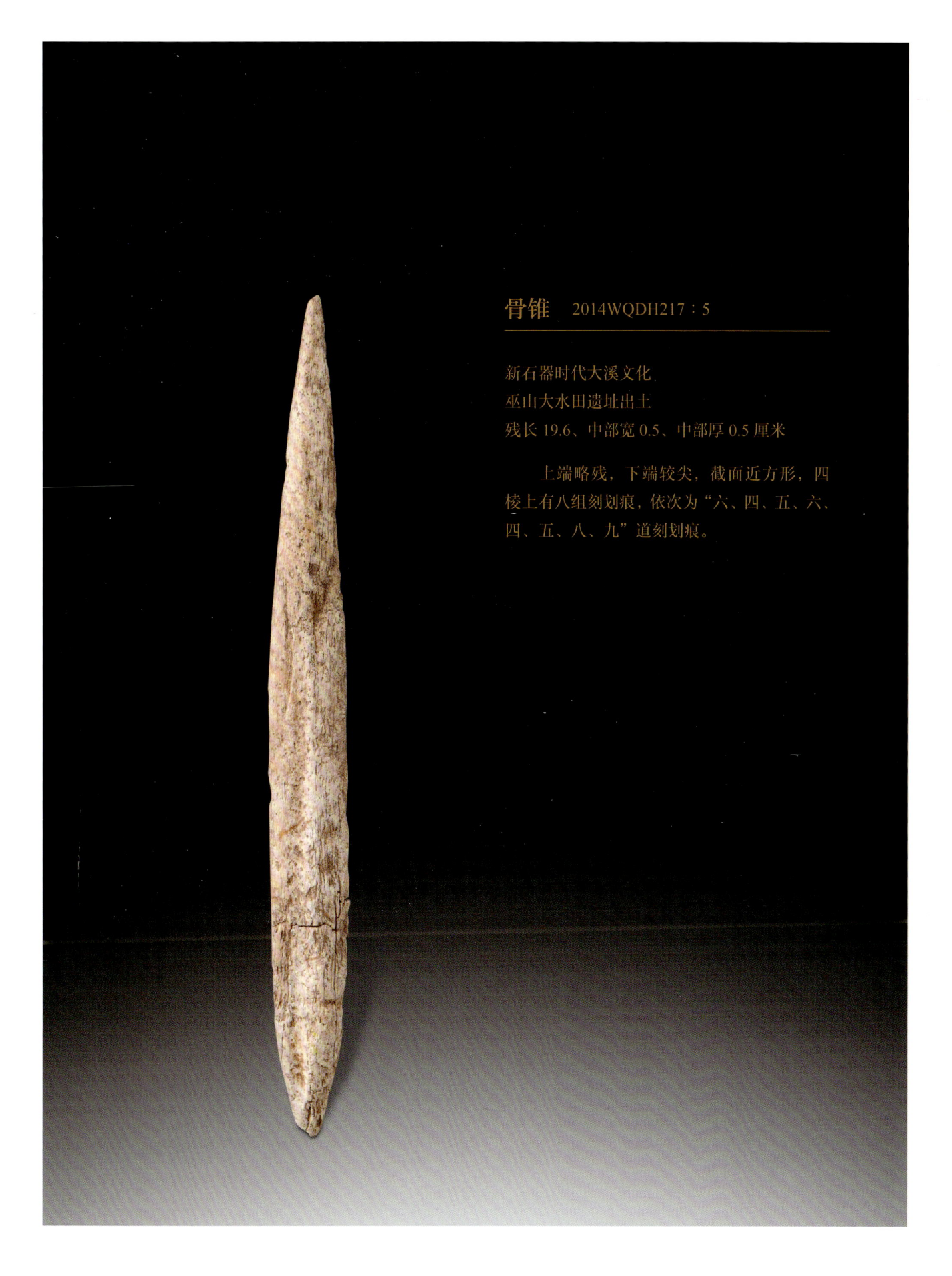

骨锥 2014WQDH217：5

新石器时代大溪文化
巫山大水田遗址出土
残长 19.6、中部宽 0.5、中部厚 0.5 厘米

上端略残，下端较尖，截面近方形，四棱上有八组刻划痕，依次为"六、四、五、六、四、五、八、九"道刻划痕。

骨璧 2014WQDT0707⑤:5

新石器时代大溪文化
巫山大水田遗址出土
好径 0.8、肉宽 1.2 厘米

单向钻孔。

骨镯 2014WQDM62:1

新石器时代大溪文化
巫山大水田遗址出土
直径 5、宽 3.1、厚 0.3 厘米

一侧残缺，一侧断裂，断裂部位两侧各有一个单向钻孔。

骨簪 2014WQDH217:4

新石器时代大溪文化
巫山大水田遗址出土
长 17.8、宽 0.5～0.7 厘米

  两端均较尖，截面呈菱形。

骨簪 2014WQDH217:7

新石器时代大溪文化
巫山大水田遗址出土
残长 18.9、宽 0.5～0.7 厘米

  上端略残，截面呈椭圆形，下端尖，两侧有较多刻划痕，中部正反两面各有一组五道对应刻划痕。

巴文化时期

　　夏代晚期至西汉早期，巴文化是重庆库区这一空间范围内的土著文化代表，因此，在本书中巴文化时期是一个广义上的时间概念。这一时期的遗存可以分为早晚两个阶段。夏代晚期到春秋时期，大体上为三星堆文化渝东类型→石地坝文化→瓦渣地文化、双堰塘遗存的本土文化发展脉络；到了战国时期，重庆库区是晚期巴文化的重要分布区，同时也是巴、楚、秦，尤其是巴、楚竞相争夺的重要区域，在文化面貌上表现出以一种文化为主体，多种文化因素相互交融的现象。

　　三峡后续考古工作中，三星堆—石地坝文化系统的相关发现不多，在大水田遗址 M4 出土的陶圜底釜和小平底罐，我们认为应处于三星堆文化时期。石地坝文化遗存主要见于开州姚家坝遗址和涪陵古坟坝遗址，陶器有钵、盏、杯等尖底器和钵、罐等圜底器，均为典型器物；石器有凿、锛、錾等，以磨制为主，少量为打制。战国时期的遗存基本为墓葬，主要见于巫山、云阳、万州等地。在陶器方面，鼎、敦、壶、豆的组合为这一时期楚文化因素的典型代表，此外还有高领罐、鬲、盂等；巴文化因素的陶器较少，以大水田遗址出土的一件圜底釜最具代表性。铜器以戈、矛、剑等兵器居多，按文化因素仍可分为巴文化与楚文化。

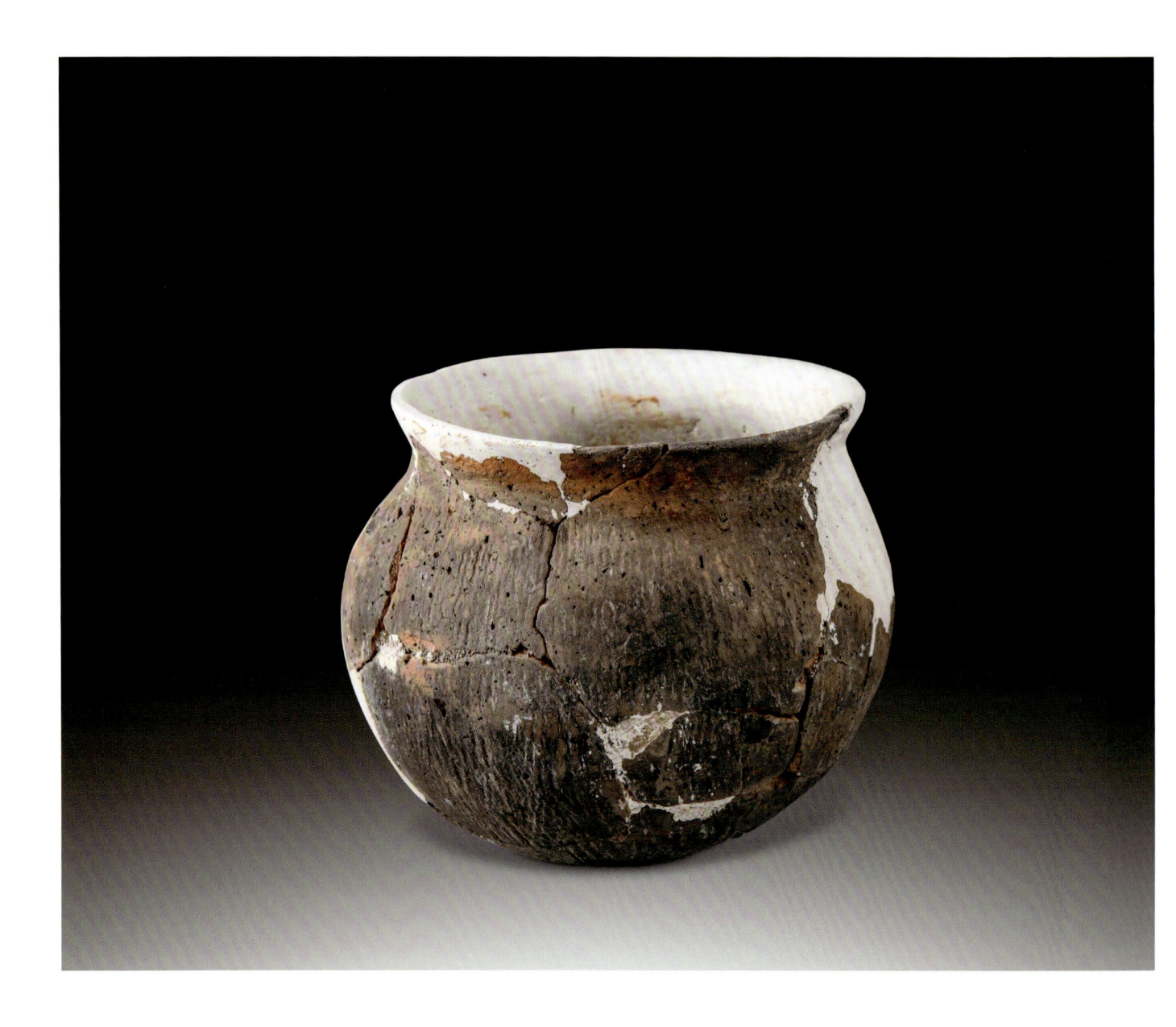

陶釜　2014WQDM47：1

商周时期三星堆文化
巫山大水田遗址出土
口径9、腹径10.8、高7厘米

　　泥质灰黑皮陶。侈口，尖圆唇，矮颈，圜底。腹部饰细绳纹。

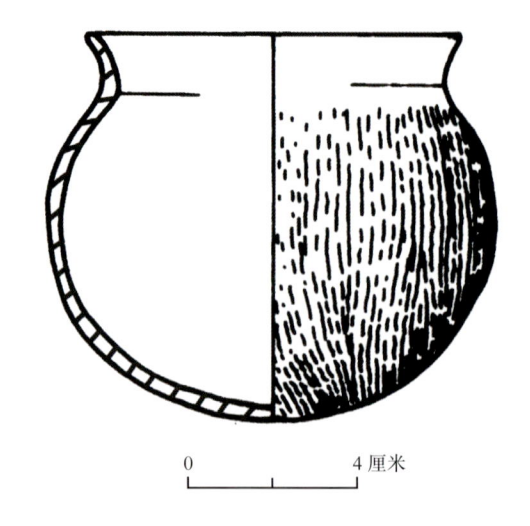

巴文化时期 61

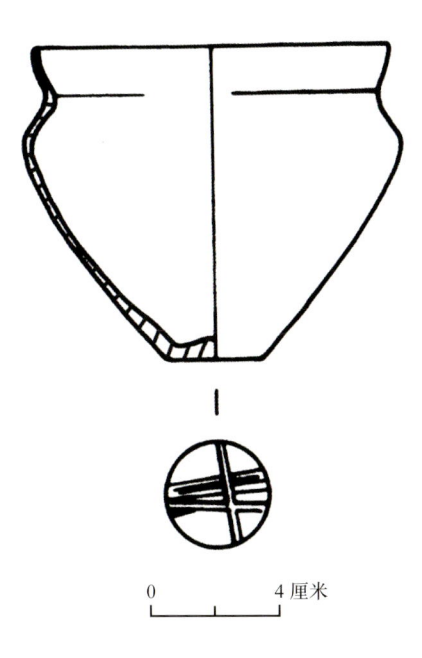

陶小平底罐　2014WQDM47：3

商周时期三星堆文化
巫山大水田遗址出土
口径 11、最大腹径 11.6、底径 3、高 9.4 厘米

　　泥质黑皮陶。敞口，尖圆唇，圆肩，斜弧腹，小平底。底饰"十"字刻划纹。

陶尖底罐　2015FNGT1⑤：16

商周时期石地坝文化
涪陵古坟坝遗址出土
口径 11.2、底径 2、高 10.2 厘米

泥质黑陶。侈口，尖圆唇，上腹微鼓，下腹弧收成小平底。内壁有轮制痕迹，外壁下腹有刮削痕迹。

陶尖底杯　2016KZYT0732⑩：114

商周时期石地坝文化
开州姚家坝遗址出土
残高 3.1 厘米

泥质灰褐陶，施黑色陶衣，部分剥落露出红褐色胎体。残仅存下腹及底部，下腹斜收，尖圜底。

陶尖底钵 2015FNGT5⑤:4

商周时期石地坝文化
涪陵古坟坝遗址出土
口径 11.8、高 7.8 厘米

　　夹砂橙黄陶。子母口，圆唇，斜弧腹，尖底。

陶尖底杯 2013FZHⅠT0201⑧:2

商周时期石地坝文化
涪陵黄荆背遗址出土
残高 3.8 厘米

　　泥质红陶。残，仅存下腹及底部。斜腹，尖底。底部与腹部外侧套接，接痕明显。

陶尖底盏 2015FNGT1⑤：22

商周时期石地坝文化
涪陵古坟坝遗址出土
口径 13.2、高 8 厘米

夹砂橙黄陶。子母口，方圆唇，弧腹，尖底。

陶圜底钵 2015FNGT1⑤：19

商周时期石地坝文化
涪陵古坟坝遗址出土
口径 11.2、高 7.6 厘米

夹砂灰黑陶。敛口，圆唇，弧腹，圜底。

陶圜底钵 2016KZYT0330⑩:3

商周时期石地坝文化
开州姚家坝遗址出土
口径 11.8、高 4.9 厘米

夹砂红褐陶。敛口，圆唇，弧腹，圜底。

陶圜底罐 2016KZYT0631⑩:8

商周时期石地坝文化
开州姚家坝遗址出土
口径 10.8、高 9.9 厘米

夹砂灰褐陶。侈口，尖圆唇，卷沿，鼓腹，圜底。腹部饰竖向粗绳纹，底部饰斜向粗绳纹。

陶花边圜底罐　2011FLBLT0505⑤：10

商周时期石地坝文化
涪陵龙头山北角下遗址出土
口径19.4、腹径24.2、高24厘米

　　夹砂褐陶，施灰色陶衣。花边口微敞，短束颈，圆鼓腹，凸圜底。唇面饰花边状按窝纹，腹壁饰斜粗绳纹。

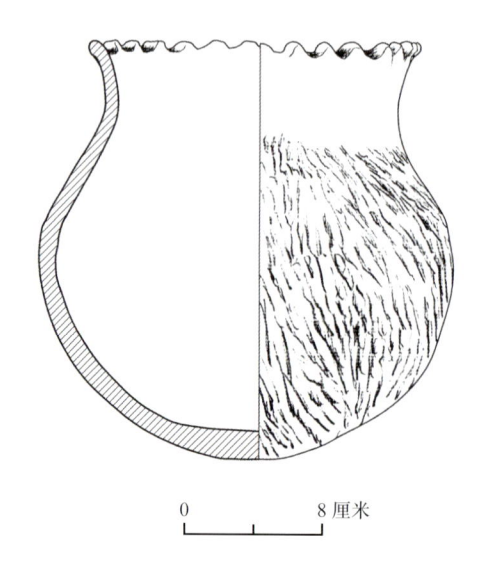

石斧 2015FNGT2⑥：3

商周时期石地坝文化
涪陵古坟坝遗址出土
长 11.5、顶宽 5.1、刃宽 6.2、厚 2.0 厘米

灰绿色。通体磨光。梯形，制作精细，棱角分明，平顶，弧刃，双面刃，刃部残缺。

石锛 2015FNGT1⑤:4

商周时期石地坝文化
涪陵古坟坝遗址出土
长 8.7、顶宽 4.0、刃宽 4.8、厚 1.9 厘米

　　暗绿色。通体磨制光滑。呈梯形，制作精细，棱角分明，平顶，弧刃，刃部残。

石凿 2015FNGT2⑥:2

商周时期石地坝文化
涪陵古坟坝遗址出土
长 6.2、顶宽 1.9、刃宽 2.5、厚 1.2 厘米

　　棕黄色。通体磨光。梯形，制作精细，棱角分明，平顶，弧刃，双面刃，刃锋利。

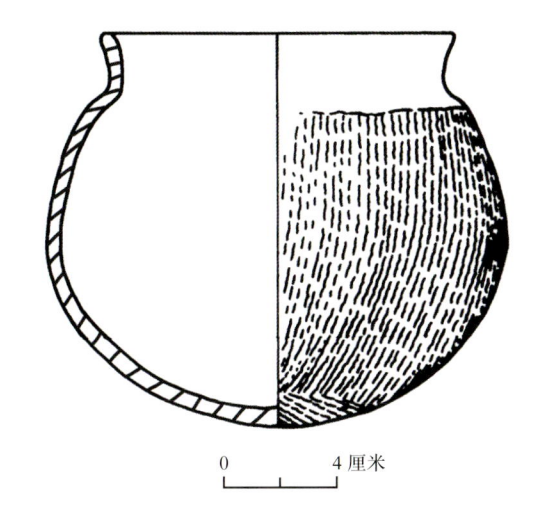

陶圜底罐 2014WQDM10：1

战国
巫山大水田遗址出土
口径 12.4、腹径 16、高 13.4 厘米

夹砂灰褐陶。侈口，圆唇，矮颈，溜肩，鼓腹，圜底。腹部饰细绳纹。

陶圜底罐　2014WQDH41：1

战国
巫山大水田遗址出土
口径 13.8、腹径 20.4、底径 6.4、高 9.4 厘米

　　泥质灰陶。直口微敞，折沿下翻，尖圆唇，高颈，圆肩，鼓腹，凹圜底。颈部有抹光绳纹，上腹为弦断粗绳纹，下腹及外底为交错粗绳纹。

陶圜底罐　2014WQDM25：2

战国
巫山大水田遗址出土
口径 12.4、腹径 16、高 7.2 厘米

　　泥质黑皮陶，红褐胎。侈口，圆唇，沿面略内凹，矮颈，溜肩，鼓腹，圜底。颈部饰抹光绳纹，腹部饰交错中粗绳纹。

陶长颈罐　2014WQDM4∶5

战国
巫山大水田遗址出土
口径 15.2、腹径 17.2、底径 7.6、高 20.8 厘米

泥质黑皮陶，红褐胎。敞口，折沿下翻，方唇，高颈，溜肩，弧腹，圈底内凹。颈部饰有抹光绳纹，颈肩交接处饰凸弦纹一圈，肩部饰竖向细绳纹，间有两周抹断，中下腹饰竖向、斜向、横向绳纹，外底饰错乱绳纹。

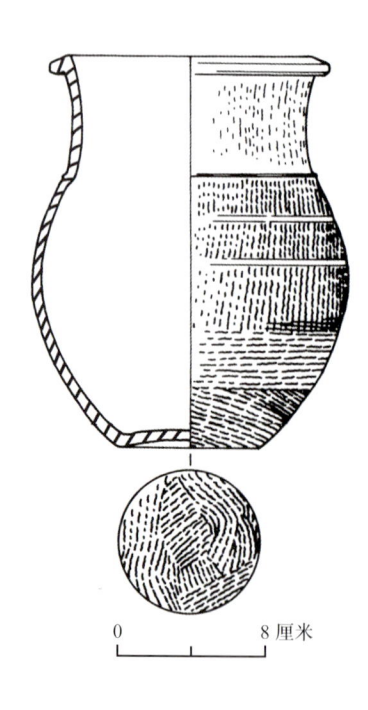

陶鼎　2016WWGM14：1

战国
巫山高唐观遗址出土
口径 19.5、高 29.8 厘米

　　泥质灰陶。由器盖、身组成，子母口。顶盖覆钵形，顶部正中一环形提手，边缘对称分布三立纽。鼎身直口，方唇，弧腹，底部近平，方形竖耳，三蹄足削成多边形，足端外撇。腹、底部饰交错粗绳纹。

陶鼎　2011WXHM3：1

战国
万州大坪墓群黄金磅墓地出土
口径17.8、足高14、通高23.6厘米

泥质黑皮陶，灰胎，残留少量红、黄色彩绘痕迹。弧形盖面，分布三个简化变形兽纽，中部有一桥形系。器身整体略近扁球形，子母扣，腹壁较直，下腹斜收，平底微凹，圆形附耳，近象鼻形三足略内收。盖面、鼎腹部饰多道弦纹。

巴文化时期　75

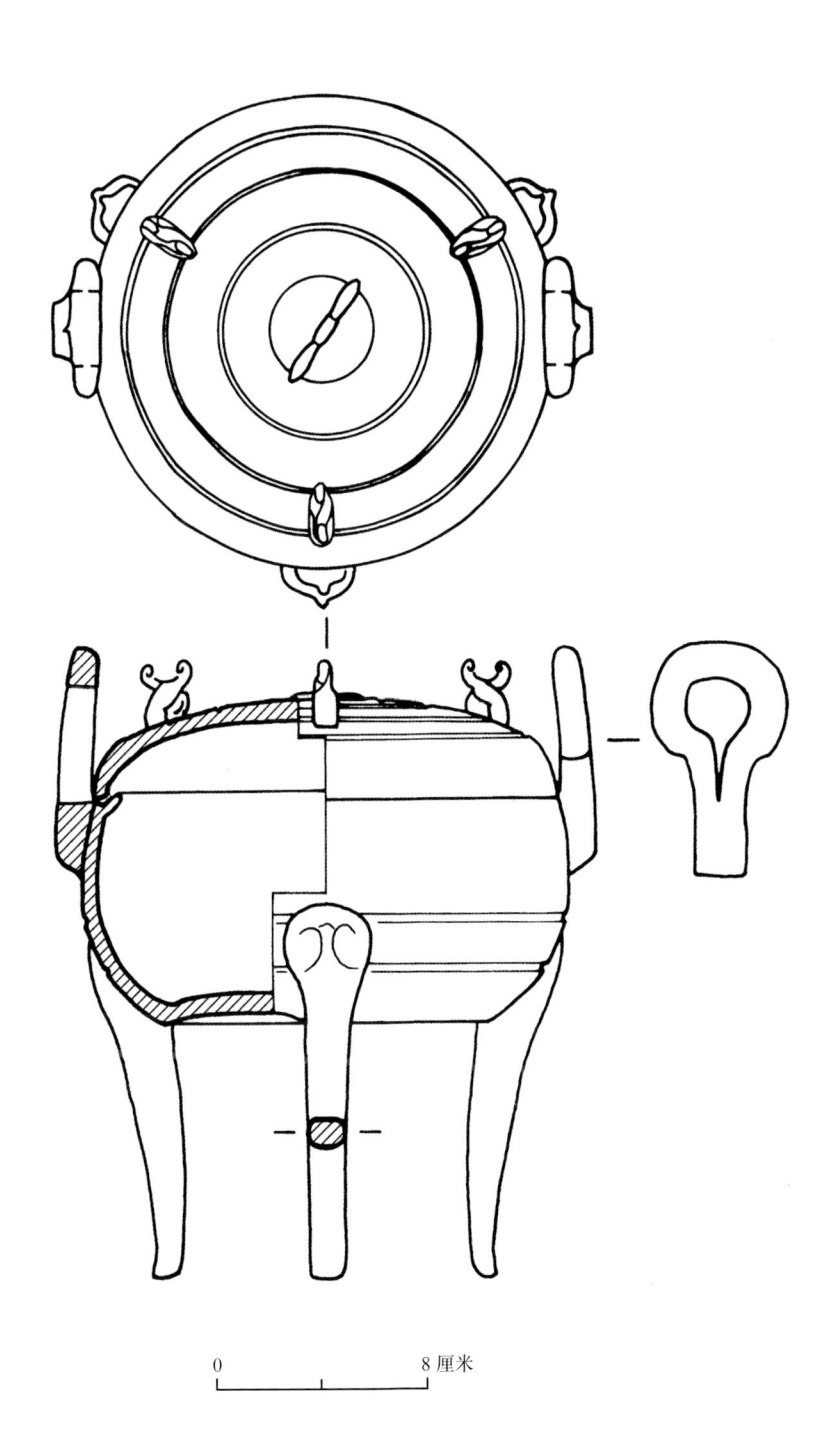

0　　　8厘米

陶鼎　2011WXHM4∶16

战国
万州大坪墓群黄金磅墓地出土
口径19、足高14.4、足宽2.4～4、通高25.6、壁厚0.6～0.8厘米

　　泥质黑皮陶，灰胎，鼎身残留极少量色彩绘痕迹。覆钵形盖，盖上对称饰三个方形小立纽，盖顶中心有辅首衔环提手。子母口，鼎身腹壁斜直，圜底近平，方形竖耳，三蹄足外撇，足削成多边形，里侧内凹。盖面饰多道弦纹，鼎腹部饰一周凸弦纹，底部饰交错粗绳纹，足根部呈鸟首形。

巴文化时期　77

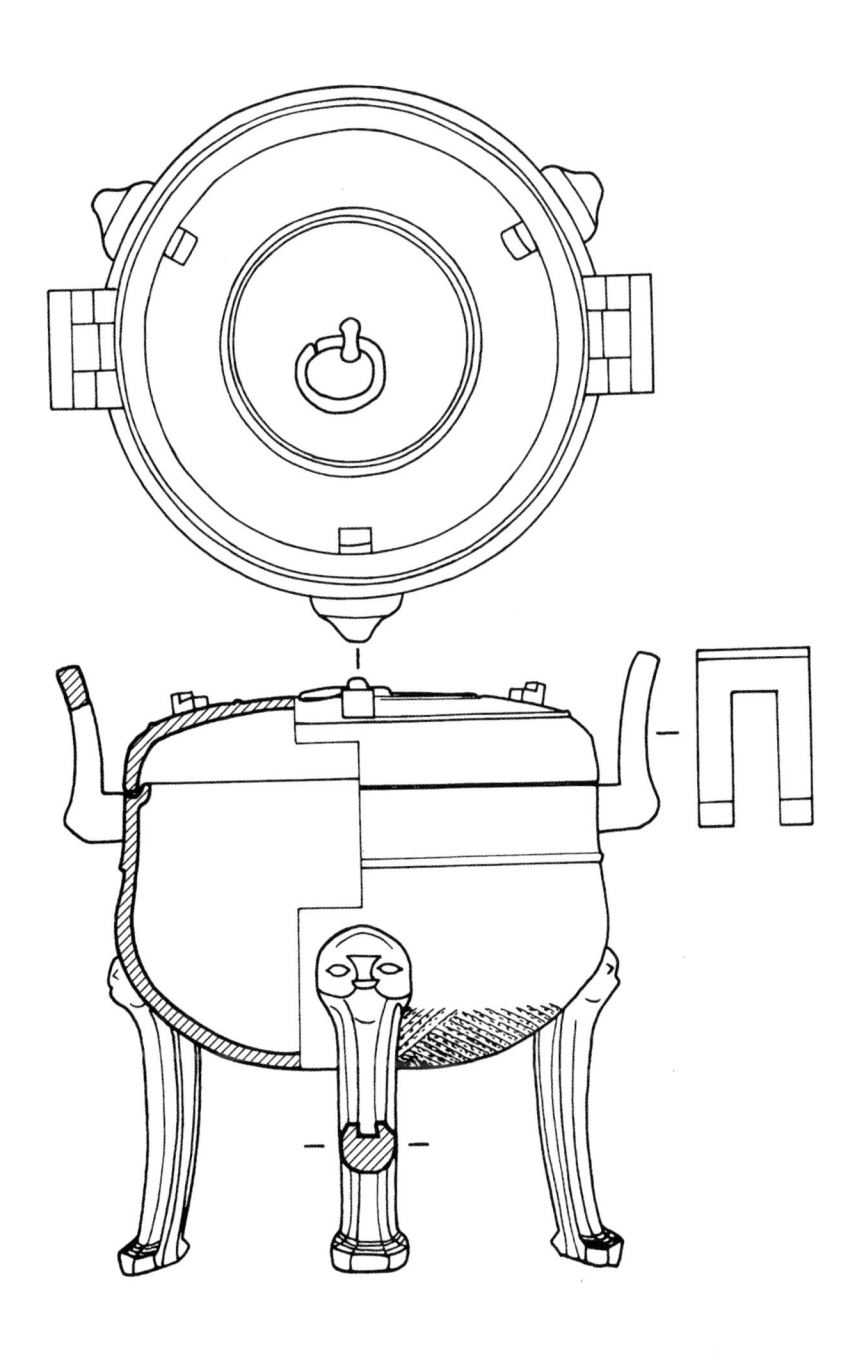

0　　8厘米

陶鼎　2012YBYM15：5

战国
云阳营盘包墓群出土
口径 13.5、通高 14.4 厘米

　　泥质灰陶。弧顶盖，顶饰三鸟形纽子母口。鼎身圆唇，弧腹，圜底，三兽蹄足，两附耳外撇。盖纽、附耳、足分别手制后与器身拼合，器身轮制。

陶敦　2016WWGM14：2

战国
巫山高唐观遗址出土
口径17.2、高26厘米

　　泥质黑褐陶。由器盖、身组成，形制几乎相同，子母口相合为球形。敞口，方唇，弧腹，盖、身各三鸟形纽。

陶敦　2016WWGM54∶3

战国
巫山高唐观遗址出土
口径 17.2、高 26.5 厘米

泥质黑褐陶。由器盖、身组成，子母口相合为球形。敞口，方唇，弧腹。盖饰三圆纽，身饰三鸟形纽。

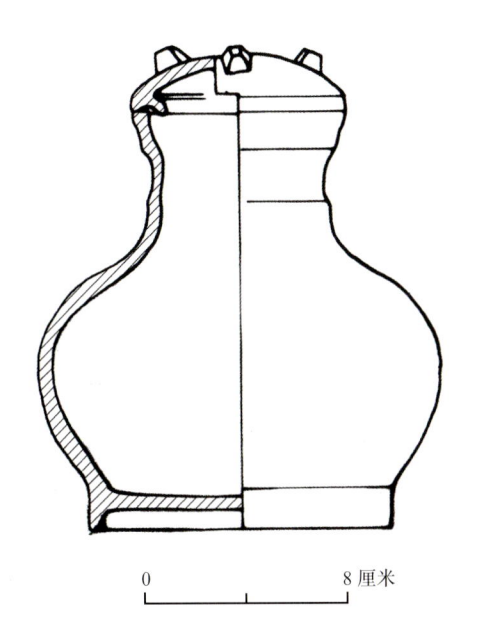

陶壶　2013YQDM9:2

战国
云阳打望包墓群出土
口径 8.8、最大腹径 16、底径 12、通高 19 厘米

泥质灰陶。轮制。弧顶盖，顶饰三个方锥形纽。壶身子母口，方唇，长束颈，鼓腹，矮圈足。

陶壶　2012YBYM15：2

战国
云阳营盘包墓群出土
口径 7、最大腹径 13、底径 8.5、通高 19.5 厘米

泥质灰陶。轮制。弧顶盖，顶饰三鸟形纽。壶身子母口，敞口，方唇，长束颈，鼓腹，矮圈足，肩饰两环耳。

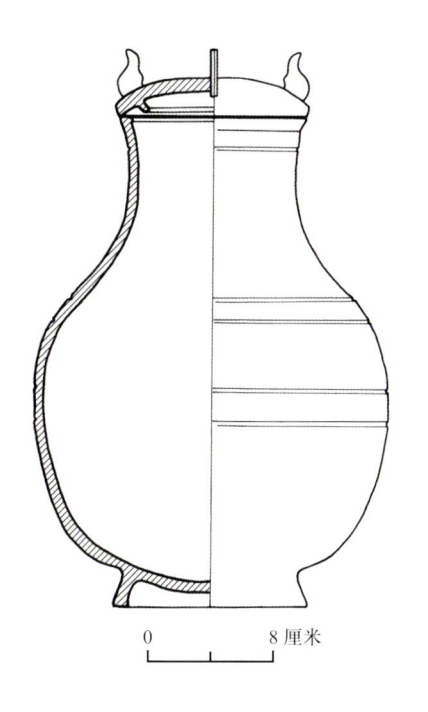

陶壶　2011WXHM4∶1

战国
万州大坪墓群黄金磅墓地出土
口径12、腹径22.8、底径12.4、通高30.6、壁厚0.7～0.8厘米

弧形盖，盖面对称饰四个立纽。壶身口微侈，长颈，溜肩，鼓腹，矮圈足外撇，颈部、肩部及腹部各饰两周凹弦纹。

陶豆 2012YBYM15：3

战国
云阳营盘包墓群出土
口径 11.2、底径 6.8、通高 14 厘米

　　泥质灰陶。轮制。弧顶盖。豆身为直口，方唇，折腹，高柄，喇叭状底。

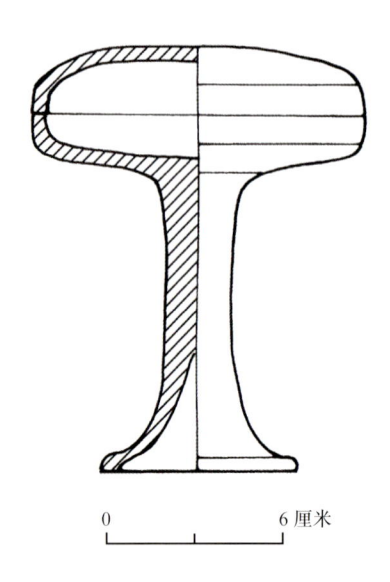

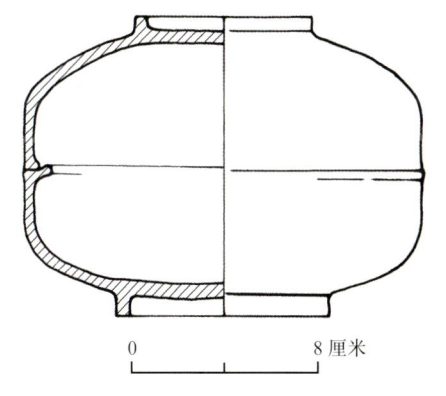

陶盒　2013YQDM9：9

战国
云阳打望包墓群出土
口径 17.4、底径 9.2、纽径 7.6、通高 12.8 厘米

泥质灰陶。盒盖为敛口，圆唇，弧腹，圈足纽。盒身为子母口，圆唇，弧腹，矮圈足。

陶鬲 2012WWDM1：1

战国
万州大丘坪墓群出土
口径 17.4、高 15.8 厘米

泥质灰陶。敛口，斜折沿，方唇，短束颈，上腹略鼓，下腹较深斜收至底，底承三足，足较高。腹部、足部饰细绳纹。

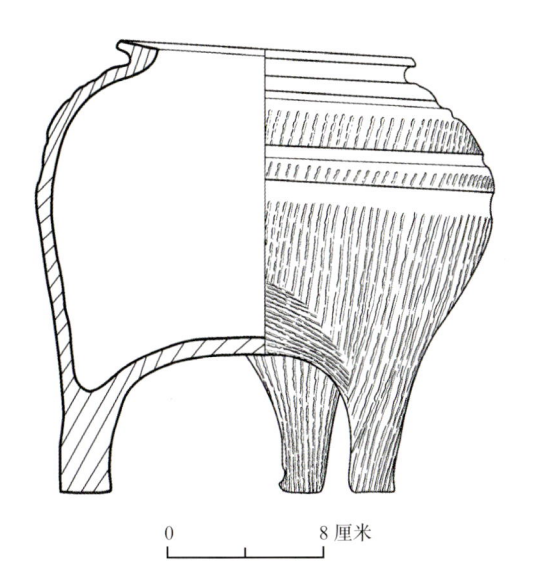

陶鬲　2012WWWM9∶1

战国
巫山万元沟墓地出土
口径15.4、腹径23.8、通高22.8厘米

泥质灰陶。敛口，平折沿，束颈，鼓腹，弧裆，实足较短。颈部至最大腹径处饰四周凹弦纹，肩部以下饰绳纹。

陶鬲　2016WWGM23：2

战国
巫山高唐观遗址出土
口径 12、腹径 22.3、高 22.7 厘米

泥质灰陶。敛口，斜折沿，圆唇，短束颈，溜肩，弧腹，弧裆，柱状足。颈部以下饰绳纹，腹部有两周抹断。

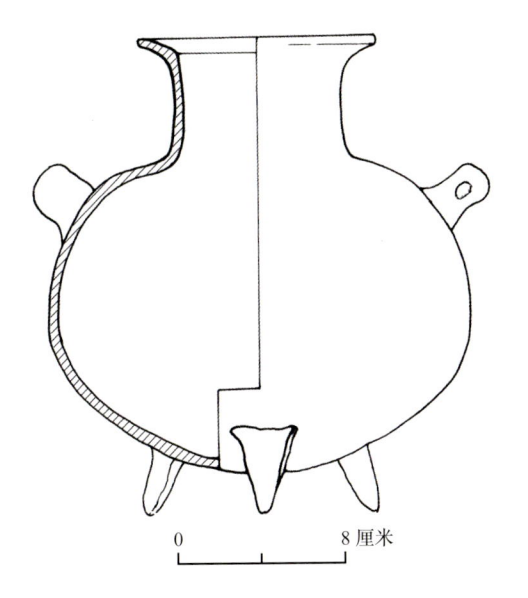

陶三足罐 2013YQDM3:4

战国
云阳打望包墓群出土
口径 11.4、高 22.8 厘米

泥质灰陶。附耳、足分别手制后与器身拼合，器身轮制。侈口，方唇，长颈，鼓腹，圜底，三锥形足，两附耳。

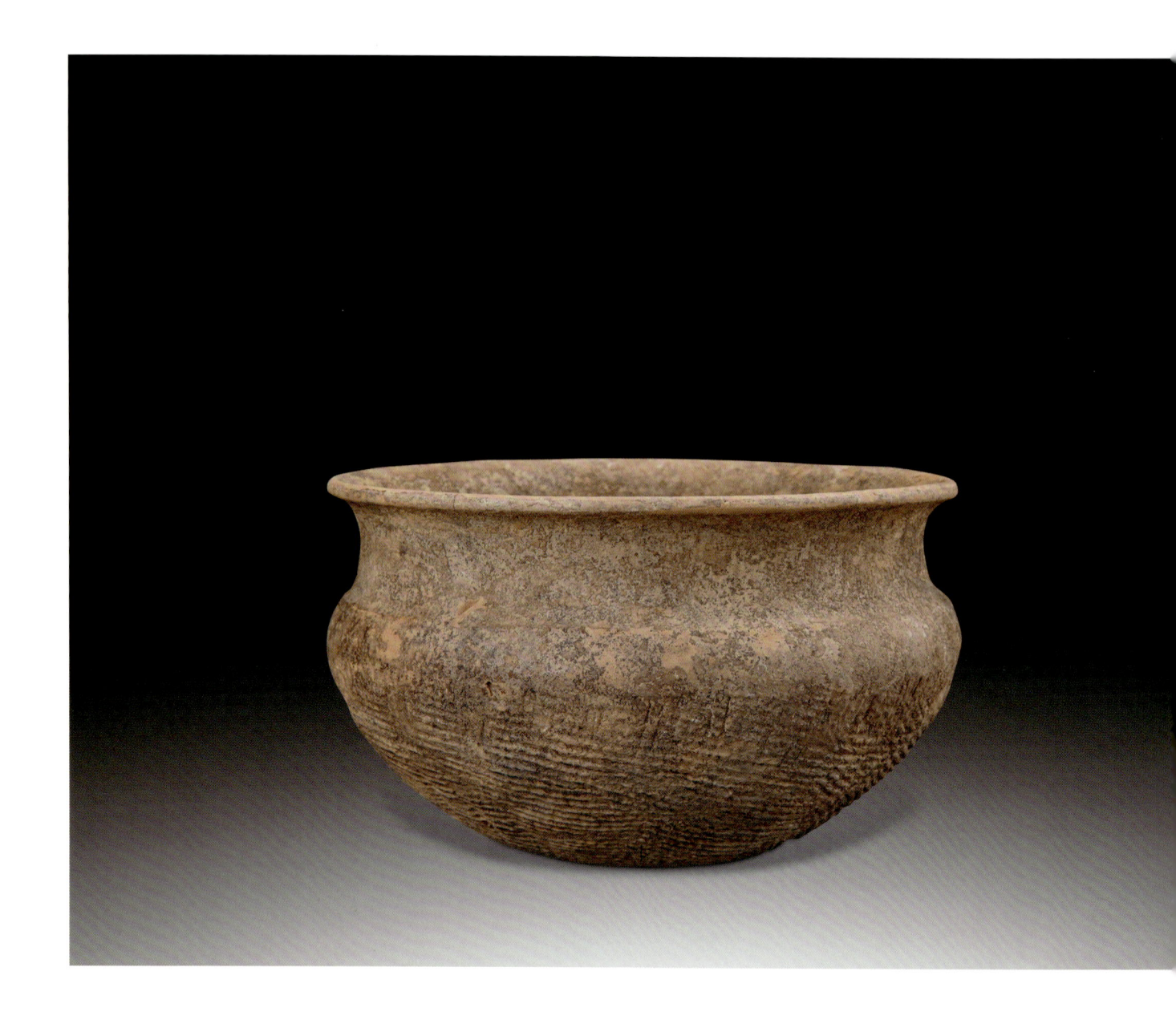

陶盂　2012WWWM9：3

战国

巫山万元沟墓地出土

口径 19.8、腹径 20、底径 8、通高 11.1 厘米

泥质灰陶。侈口，方唇，高领，鼓腹，凹底。最大腹径以下遍饰交错绳纹。

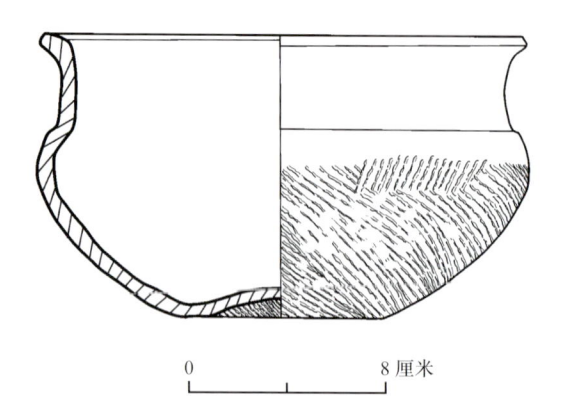

陶盆 2016WWGM23：3

战国
巫山高唐观遗址出土
口径 17.3、高 11.1 厘米

泥质灰陶。直口，折沿，圆尖唇，短束颈，弧腹，圜底。下腹部饰交错绳纹。

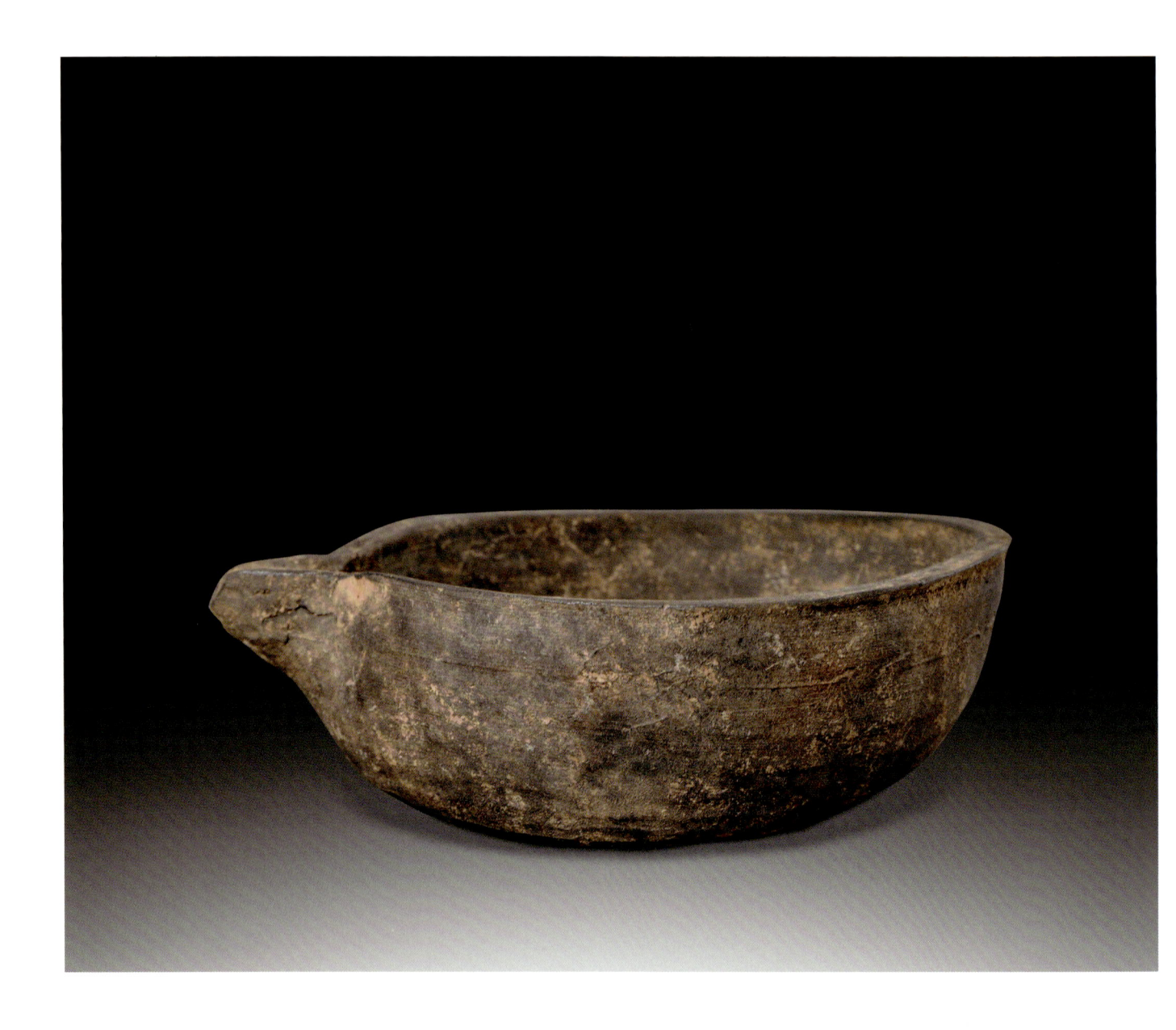

陶匜　2016WWGM14：5

战国
巫山高唐观遗址出土
口 13.5、底径 9、高 5.3 厘米

泥质灰陶。圆形，单流，方唇，弧腹，平底。

铜戈 2013WQBM17:2

战国
巫山柏树梁子墓群出土
援长 12.1、胡长 4.6、内长 5.7 厘米

长援，短胡，直内。胡上有三穿，上方为圆形穿，下方两穿为长方形，内上有一长条形穿。圆穿旁饰有手心纹。

铜戈　2012WWDM1∶3

战国
万州大丘坪墓群出土
长 22.6 厘米

直援，中胡三穿，无上阑，下阑尾部有突出的牙，牙上有一穿。

铜矛 2013WQBM26：1

战国
巫山柏树梁子墓群出土
矛长25、宽3.6厘米

矛叶窄长，呈柳叶形，隆脊，弓形耳，左侧耳残缺，器身下部残缺，銎状骹。在靠近双耳处有手心纹装饰。

铜矛 2014WQDM43∶4

战国
巫山大水田遗址出土
骹长 6.3、通长 21.9 厘米

矛身呈柳叶形，弓形耳，短骹。骹部一面有动物、兽面装饰，另一面有手心纹为主题的装饰。

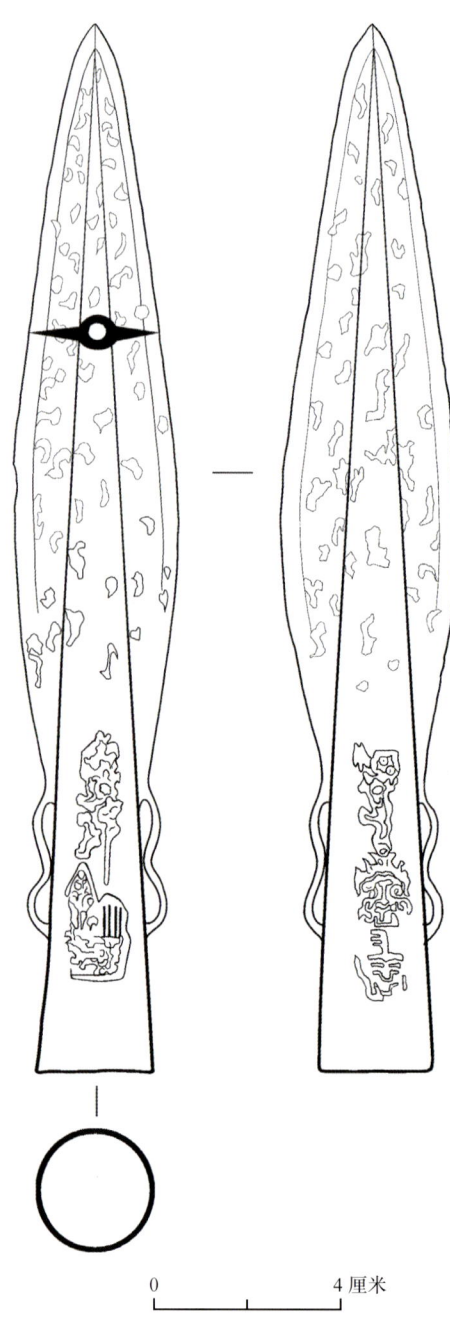

巴文化时期

铜矛 2011WXHM4:9

战国
万州大坪墓群黄金磅墓地出土
通长 18.2 厘米

表面部分锈蚀。窄叶，矛身高脊凸起，长骹，骹下部两侧附弓形耳。

铜矛　2012WWDM1∶4

战国
万州大丘坪墓群出土
长 24.1 厘米

叶较宽，狭刃，长骹，骹一侧附弧形单耳。

铜剑　2013WQBM23∶1

战国
巫山柏树梁子墓群出土
长 35.1、宽 4、剑柄孔径 0.5 厘米

　　剑身呈柳叶形，隆脊，剑身断面为菱形，扁茎，剑柄中部有一圆形穿孔。剑身素面无纹饰。

铜剑 2013WQBM38：1

战国
巫山柏树梁子墓群出土
剑长 37.2、宽 3.9、厚 0.9 厘米，剑格长 3.9、宽 1.8、厚 2.8 厘米

剑身呈柳叶形，隆脊，剑身断面为菱形，有铜剑格，扁茎，剑柄尾部有一圆形穿孔。剑身素面无纹，铜格上饰云雷及方格纹。

铜剑　2013YQDM2∶1

战国
云阳打望包墓群出土
长 72 厘米

　　尖锋，中脊突出，铜格，圆茎，铜首。剑身有木鞘痕。

铜剑　2011WXHM4∶11

战国
万州大坪墓群黄金磅墓地出土
残长28.6、宽1.8～4、厚0.4～0.6厘米

表面部分锈蚀。剑锋残断，剑身中起脊，断面呈菱形，无格，圆茎，圆形剑首。

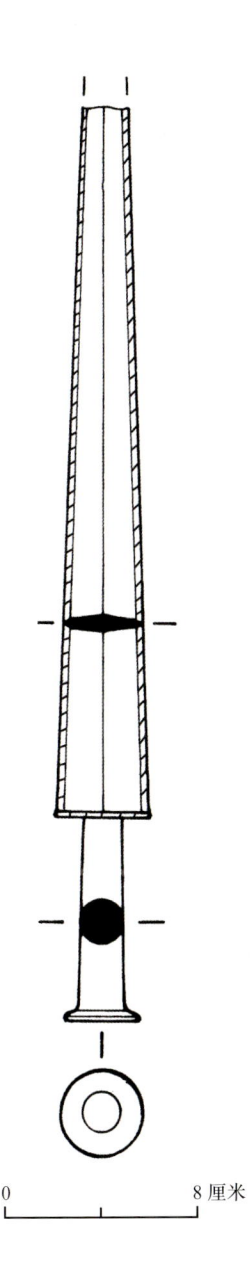

铜鐏　2012WWWM3：1

战国
巫山万元沟墓地出土
长 11.8、最大直径 2.9 厘米

中空，端部四棱收束，銎口断面略呈椭圆形。

铜镞　2012WWDM1：5

战国
万州大丘坪墓群出土
长 19 厘米

　　三棱形短刃，长铤截面为三角形，分为两部分，前段较长较粗，后段较短较细。

铜壶 2011WXHM4:15

战国
万州大坪墓群黄金磅墓地出土
口径 9.2、腹径 20、底径 12.6、通高 27.2、壁厚 0.2 厘米

表面部分锈蚀。弧形盖，盖顶对称饰四立纽，纽中有穿。壶身口微侈，长颈，溜肩，鼓腹，高圈足略外撇，肩部对称饰一铺首衔环，通体素面。

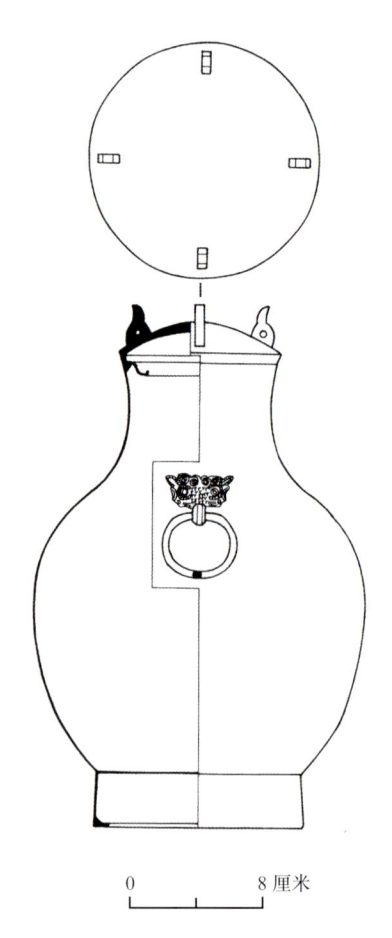

铜带钩　2013WQBM21：1

战国
巫山柏树梁子墓群出土
带钩长 9.2、宽 0.3～0.9 厘米，纽面长 0.9、宽 0.8 厘米

　　琵琶形带钩，鸟头形钩首，钩身细长，下部饰卷草纹及几何纹，长方形钩纽。

铜带钩　2013WQBM23：2

战国
巫山柏树梁子墓群出土
带钩长 10、宽 0.6～2.8 厘米，纽面直径为 1.3 厘米

　　琵琶形带钩，鸟头形钩首，琵琶形钩身，上饰镂雕卷草纹，纹饰精美，钩背凹陷呈匙状，圆形钩纽。

铜印章　2012YBYM9：01

战国
云阳营盘包墓群出土
直径 3、高 1.2 厘米

　　圆形，环纽，面阴刻虎面纹。

玉发笄　2014YQTFM7：1

战国
云阳塘坊遗址出土
长 8.6、宽 3.6、厚 0.7 厘米

　　青玉。中间为长方形，中空，其上双面皆阴刻对称卷草纹，其两侧皆有龙形镂空雕刻，呈反向对称分布。

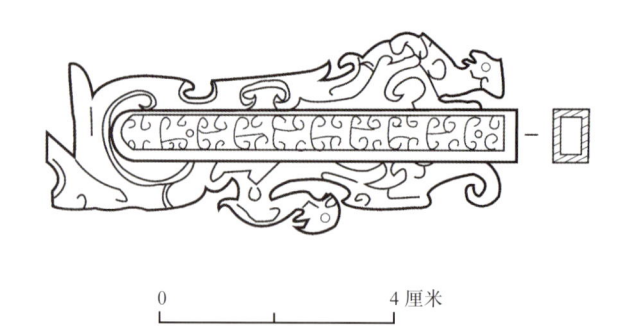

玉玦　2014WQDM103:1

战国
巫山大水田遗址出土
好径 2.2、肉宽 0.8、厚 0.2 厘米

　　浅绿色。器身残，有刻痕，较粗糙。平面为圆形，一侧有缺口。

玉玦　2014WQDM103:2

战国
巫山大水田遗址出土
好径 2、肉宽 0.8、厚 0.2 厘米

　　浅绿色。平面为圆形，一侧有缺口。

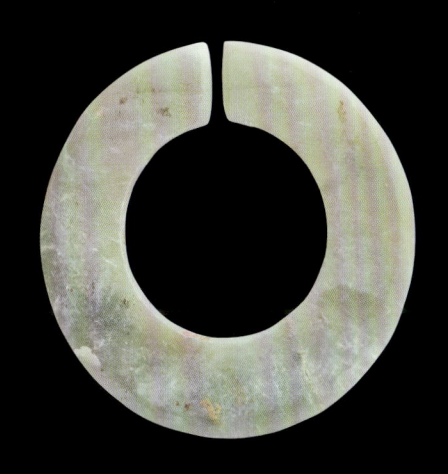

汉至六朝时期

这一时期峡江地区的本土文化特色不断减弱,汉文化所表现出来的全国统一性特征逐渐加强。汉代墓葬遗存数量众多,有土坑墓、岩坑墓、砖室墓、石室墓、砖石混构墓、土洞墓、崖葬、悬棺葬、瓮棺葬,多为普通贵族和平民阶层墓葬,未发现诸侯或列侯等高级贵族墓葬。六朝时期墓葬往往与两汉时期墓葬位于同一个墓群,且在墓葬形制上并无明显的变化,体现出较长的文化延续性。

汉至六朝时期墓葬在三峡后续考古收获中占比最高,在时代上总体可分为西汉(含新莽)、东汉、六朝等三个阶段。峡江地区的文化发展具有一定的滞后性,在西汉早中期墓葬中体现尤为明显,出土品中仍可见有较多的鼎、钫、锺等铜礼器或仿铜陶礼器,明器如井、仓、熏炉等已开始出现,巫山陈家包墓群出土的一件陶龙灶,可能与同时期的制盐行为有关。东汉时期陶器除有锺、罐、甑、钵、釜、盆、瓮、魁等容器之外,还包含有大量的明器,主要器型有灯、耳杯、奁、勺、灶、案、井、楼,以及形态多样的人物俑和动物俑等。铜器仍基本保留了西汉时期的特征,但在质地上相对较薄。装饰于木棺表面的圆形、龙虎形、柿蒂形铜牌饰等极具峡江区域特色。铁器以剑、环首刀、矛等兵器最为常见,锛、锸等农具也有少量发现。在料器方面以琉璃耳珰和五色串珠发现居多,特别是后者的发现体现了汉代丧葬习俗中的五行思想,具有重要的研究价值。峡江地区六朝墓葬在形制上与东汉墓葬十分接近,因而往往不易区分,一般将青瓷器作为断代的重要依据,以多系盘口壶、鸡首壶、饼足碗(钵)等最为常见,奉节赵家湾墓群出土一件青瓷虎子保存完整,是三峡后续考古中不可多得的精品。金银器基本为指环、镯、钗等饰件,巫山老屋场墓群出土了10余枚金步摇饰片,可能来自于北方草原地区。

陶鼎　2013WWCM18：2

西汉
巫山陈家包墓群出土
口径 14、腹径 17.2、通高 15.4 厘米

　　泥质黑灰陶。轮制。盖呈覆钵状，弧顶，顶面饰三个泥突小纽。鼎为子母口，圆唇，上饰两长方形立耳，方形耳穿不通透，上腹略直，下腹弧收，兽蹄形足，腹部有一道折棱。

陶鼎　2015WSWM12:1

西汉
万州晒网坝遗址出土
口径16.8、腹径20.4、通高20厘米

泥质灰陶。盖呈覆钵状，弧顶，顶面饰三个纽，纽上穿孔。鼎子口内敛，圆唇，对称穿孔双耳，球腹，圜底，底附三蹄形足，上覆三纽弧形顶盖。

陶盒　2010FJZM2：54

西汉
涪陵江北墓群转转堡墓地
口径 19.8、底径 10.6、高 16.2 厘米

泥质灰陶。子母口，由相似的器身、器盖套合而成。器身扁鼓，矮圈足。盒盖饰一周凹弦纹，器身口部饰两周凹弦纹，下部饰一周凹弦纹。

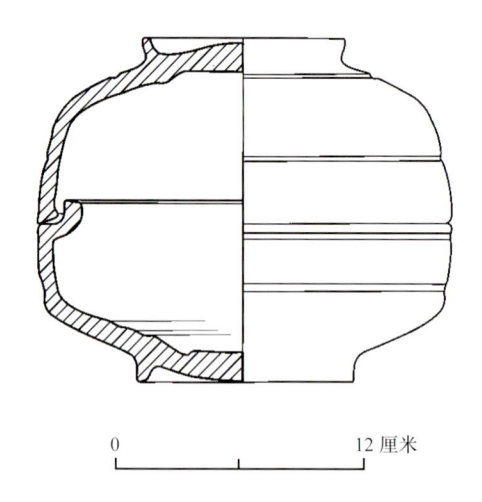

陶盒　2013WWCM30：3

西汉
巫山陈家包墓群出土
口径17.2、底径10.4、通高13.4厘米

　　泥质灰陶。轮制。带盖盒，盖呈覆钵状，弧顶，矮圈足纽，盖面饰四周凹弦纹。盒身为子母口，尖唇，弧腹，矮圈足，腹部饰三周凹弦纹。

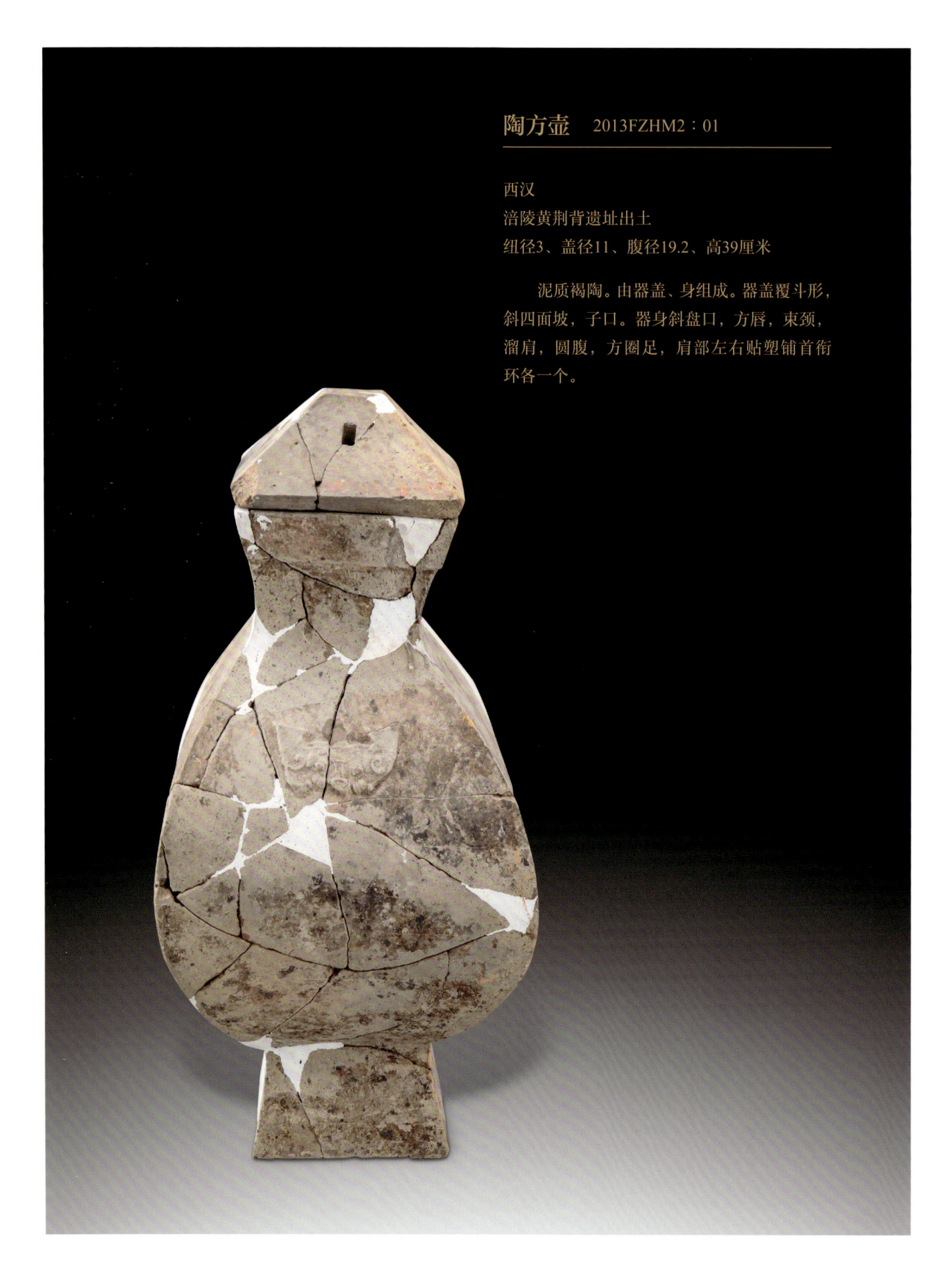

陶方壶　2013FZHM2∶01

西汉
涪陵黄荆背遗址出土
纽径3、盖径11、腹径19.2、高39厘米

泥质褐陶。由器盖、身组成。器盖覆斗形，斜四面坡，子口。器身斜盘口，方唇，束颈，溜肩，圆腹，方圈足，肩部左右贴塑铺首衔环各一个。

陶壶 2014WXWM7:8

西汉
万州万顺墓群出土
口径9.2、底径11.5、高23.4厘米

泥质灰陶。壶盖呈弧形，顶部中央有桥形钮，盖口为子母形。壶身直口，平方唇，短直颈，圆肩，鼓腹，圈足，内底平，腹部饰两个对称半圆形耳系，肩部有一周凹弦纹。

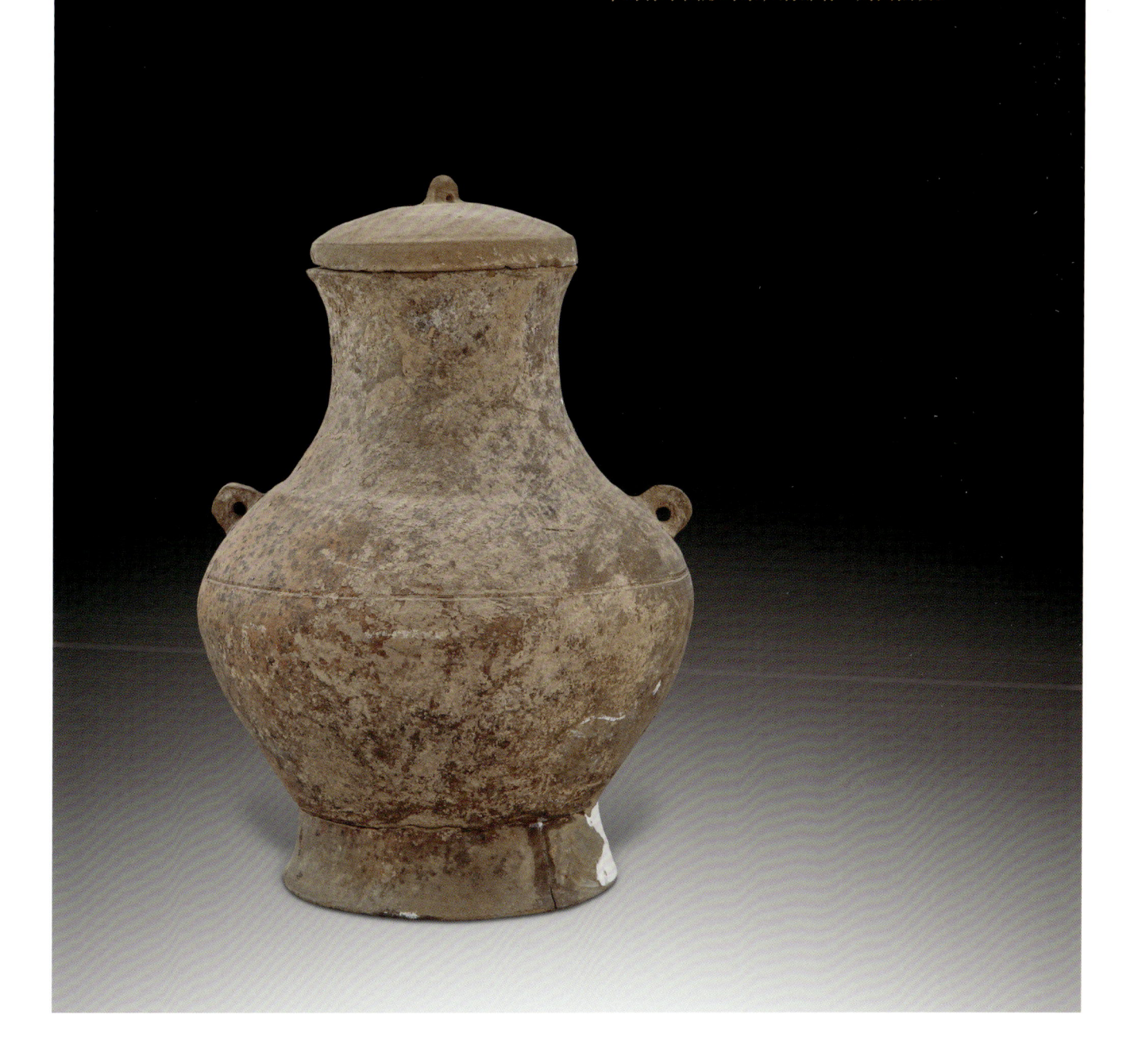

陶锺　2013FSMM10∶12

西汉
丰都马鞍山墓群出土
盖径14.4厘米，锺口径17.2、腹径25.6、足径16、高36.4厘米

泥质灰陶。圆弧形盖，子母口，顶部分布有三个"S"形纽。锺盘口，圆唇，束颈，圆鼓腹，圈足，足跟内折，肩部对贴一对衔环铺首。

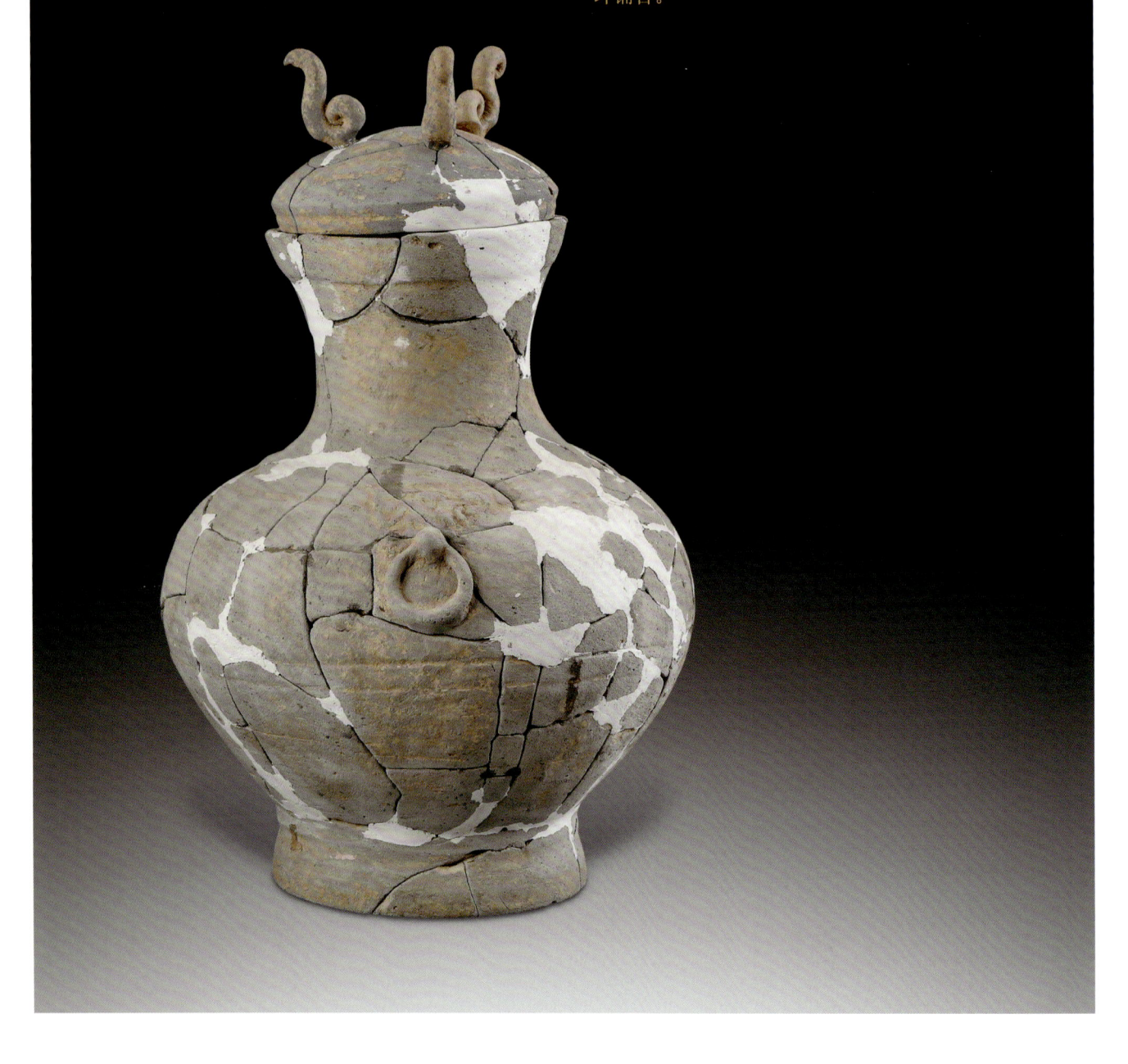

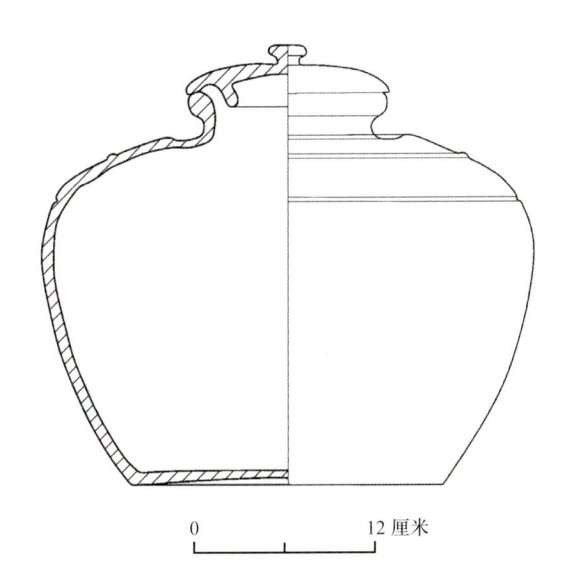

陶罐　2016WWBHM4：1

西汉
万州包上墓群出土
口径 13、腹径 32.2、底径 20.4、通高 28 厘米

泥质褐陶。子母口盖。罐敞口，卷沿，圆唇，短束颈，宽肩，鼓腹，平底内凹，肩部饰凹凸弦纹各一周。

陶罐　2013FZHM1 : 2

西汉
涪陵黄荆背遗址出土
口径10.6、腹径24、底径17.6、通高18.8厘米

　　泥质褐陶。由器盖、身组成，盖、身可见朱色彩绘痕迹。器盖弧形，子口。器身直口，圆唇，短束颈，溜肩，斜腹，大平底。

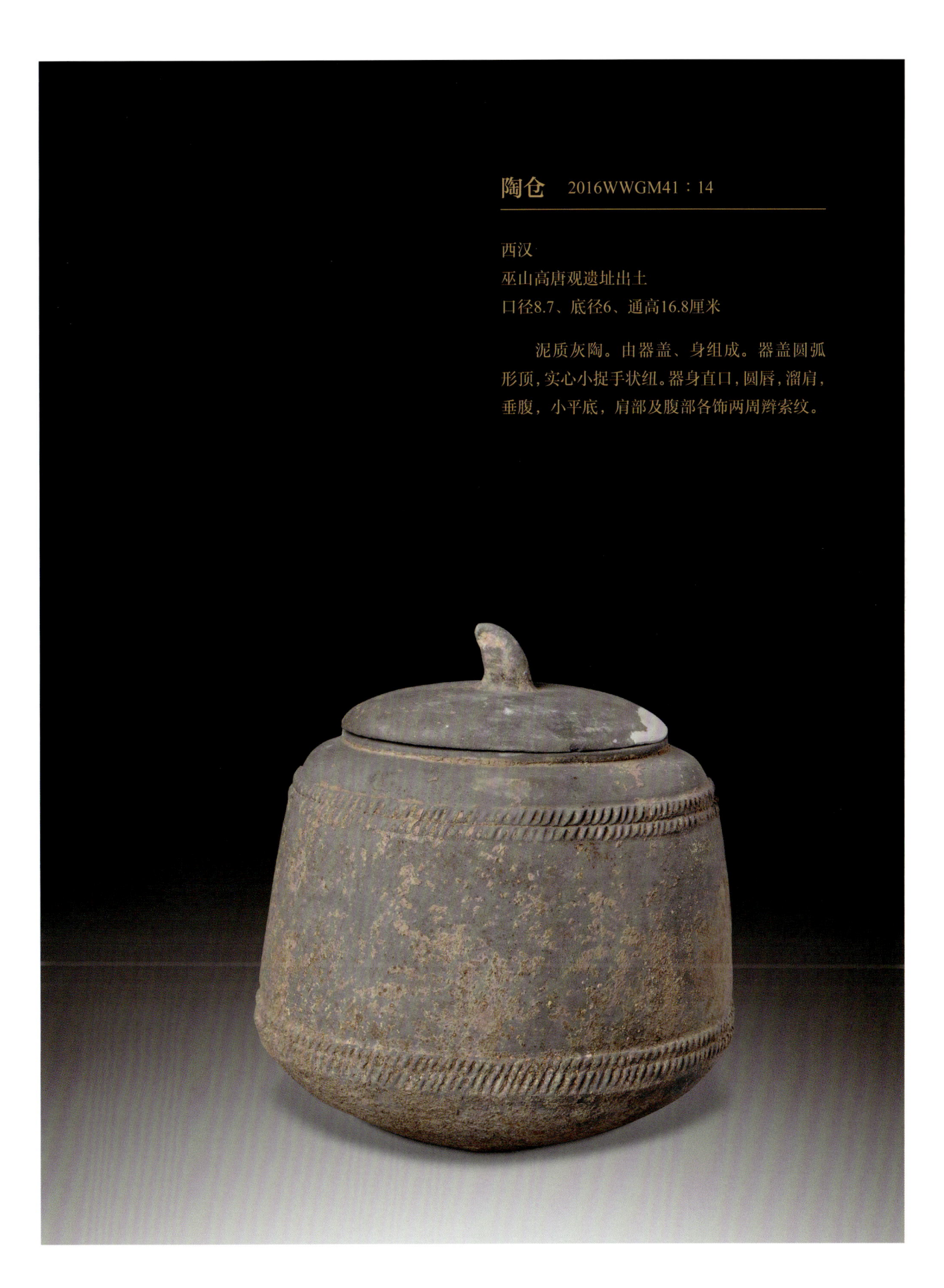

陶仓　2016WWGM41：14

西汉
巫山高唐观遗址出土
口径8.7、底径6、通高16.8厘米

泥质灰陶。由器盖、身组成。器盖圆弧形顶，实心小捉手状纽。器身直口，圆唇，溜肩，垂腹，小平底，肩部及腹部各饰两周绊索纹。

陶器盖 2014CKHM5：20

西汉
开州花石盘墓群出土
口径 17.6、高 4 厘米

　　泥质褐陶。盖面略弧，顶部略平，盖口略外撇。盖面彩绘朱、黑色卷云纹图案。

陶井 2012ZWWM2：19

西汉
忠县瓦窑六队墓群出土
井身口径 19.2、底径 15、通高 20 厘米

泥质灰陶。由井身、井架、井盖等组成。井盖平面呈方形，四角内凹，圆形井圈，两侧有对称长方形孔，内插井架，圈足，表面饰有网格纹和几何纹。井身为敛口，方圆唇，折肩，筒腹，平底，腹部饰有四周凹弦纹，内有一小罐。

陶熏炉　2015WZHM7∶16

西汉
巫山黄膏泥墓群出土
纽径4.2、盖径14、底径9、高13.8厘米

　　泥制灰褐陶。由器盖、身组成。器盖母口，方唇，圆纽，宽折肩。器身子口，方唇，斜腹，喇叭形足。器盖、身饰几何纹。

陶熏炉　2016WWGM45：1

西汉
巫山高唐观遗址出土
口径16.7、通高18.2厘米

泥质灰陶。由器盖、身组成。器盖母口，方唇，圆纽，宽折肩。器身子口，方唇，斜腹，喇叭形足。器盖、身饰几何纹。

陶双联灶　2016WWGM41：1

西汉
巫山高唐观遗址出土
灶长23、宽15.6、高5.8厘米

　　泥质红陶。一灶四皿。灶平面呈长方形，立面两个弧形火门，火门四周装饰戳印纹。顶面两个圆形灶眼，灶眼上各有一组上甑下釜组合。甑直口，折沿，圆尖唇，平底，底部有箅孔，其中一件腹部饰辫索纹一周。釜直口，方唇，溜肩，弧腹，圜底，左右贴塑环耳各一，肩部饰两周凹弦纹。

陶龙灶 2013WWCM7：38

西汉
巫山陈家包墓群出土
长 38、宽 16～24、高 17 厘米

　　泥质灰陶。灶平面呈圆角梯形，多眼灶。拱形火门位于窄端底部，灶面上有近圆形灶眼九个，靠近火门上部有一个灶眼，其余八个分布于灶面两侧，每侧各四个非对称排列。宽端两外侧角端和中部各一个烟孔，眼孔不规整。每个灶眼上各有一个灶锅，在后部的四个灶锅之间加置陶釜一件。灶锅为敛口，圆唇，弧折腹，小平底。釜为敛口，方唇，鼓肩，斜收腹，平底。

铜鍪　2012FZZM4∶10

西汉
涪陵转转堡墓群出土
口径 17.8、腹径 30、高 25 厘米

敞口，圆唇，斜沿，长束颈，溜肩，鼓腹，平底，底部有三足。肩部饰对称绳纹环耳，底部饰几何纹。

铜钫　2012FZZM4：9

西汉
涪陵转转堡墓群出土
口径 11、腹径 19.3、足径 12、高 32 厘米

　　浅盘口略外敞，短束颈，溜肩，中下腹外鼓，高圈足底，肩饰一对兽面铺首衔环耳。上承子口浅盏顶深盘状盖，周边立四个变形鸟纽。

鎏金铜盒　2014CKHM4：26

西汉
开州花石盘墓群出土
口径 17、底径 9.6、高 8.1 厘米

敞口，方唇，折腹斜收，内外底皆略凸，圈足。下腹部饰三周凹弦纹，圈足内有一柿蒂形装饰，桃形四叶呈中心对称布局。

铜釜　2014CKHM2：3

西汉
开州花石盘墓群出土
口径 18、腹径 20.8、高 18.5 厘米

侈口，方唇，粗短颈，折肩，弧腹，圜底。颈部饰一对环形耳，上腹部饰三周凸弦纹。

铜釜　2010FJZM2∶68

西汉
涪陵江北墓群转转堡墓地出土
口径 18.6、腹径 22.6、高 18.7 厘米

敞口，方唇，溜肩，球形腹，圜底。肩部饰一对对称分布的纵向环形耳錾，耳下饰三周弦纹。

铜釜 2018ZYXM5∶13

西汉
忠县溪口墓群出土
口径27、腹径29.5、高23.9厘米

　　侈口,尖圆唇,束颈,折肩,圆弧腹,圜底。肩部饰一对对称分布的辫索状环形耳,肩腹部相交处饰二周凸弦纹。

铁鍪 2013WWCM31：1

西汉
巫山陈家包墓群出土
口径 14、腹径 18.8、高 15.2 厘米

　　锈蚀严重。敞口，弧领，溜肩，扁鼓腹，圜底。肩饰对称的竖向环形耳。

铁鍪　2013WWCM5：6

西汉
巫山陈家包墓群出土
口径 18.4、腹径 24.4、高 19.2 厘米

锈蚀严重。敞口，仰折沿，方唇，束颈，溜肩，圆鼓腹下垂，圜底近平。肩饰对称的扁环形耳。

铜釜 2012FMSM2∶18

西汉
丰都上河嘴墓群出土
口径 24.2、高 16.8 厘米

敞口，方唇，束颈，垂腹，圜底近平。釜上部饰两个辫索状环形耳。

铁釜 2013WWCM22∶7

西汉
巫山陈家包墓群出土
口径 18.8、腹径 18、高 14.2 厘米

锈蚀严重。敞口,仰折沿,尖唇,束颈,圆鼓腹,圜底。肩下饰两周凸弦纹。

铜洗　2010FJZM2∶39

西汉
涪陵江北墓群转转堡墓地出土
口径 25、底径 15、高 12 厘米

敞口，方唇，斜直颈，弧腹，平底。腹部饰一对对称分布的纵向环形耳。

铜洗　2010FJZM2∶53

西汉
涪陵江北墓群转转堡墓地出土
口径24、底径15、高11.5厘米

敞口，卷沿，方唇，斜直颈，弧腹，平底。腹部对称饰一对纵向环形耳銴。

铜洗 2012FMSM2：8

西汉
丰都上河嘴墓群出土
口径 24.6、底径 13、通高 10.6 厘米

敞口，平沿，方唇，束颈，折肩，斜弧腹，圈足。腹中部饰一对兽面纹铺首衔环耳及三周凸弦纹。

铜䤬　2016WWGM78：7

西汉
巫山高唐观遗址出土
口径 8、腹径 10.9、高 9.7、柄长 3.4 厘米

敞口，圆唇，束颈，折肩，圜底，三兽足。肩部一侧附方柄，中空；另一侧为圆形环耳。

铜匕　2016WWGM44∶2

西汉
巫山高唐观遗址出土
长径 9.5、短径 7.4、柄长 5.8 厘米

　　斗部铲形，底由端至柄部渐深。柄截面八边形，中空。

铜匕　2016WWGM78∶5

西汉
巫山高唐观遗址出土
长径 12、短径 7.4、柄长 8.1、帽长 3.9 厘米

　　斗部铲形，端外放，底由端至柄部渐深。柄截面圆形，中空。柄帽截面圆形，中空，尾端封闭。

铜灯　2012FZZM2∶7

西汉
涪陵江北墓群转转堡墓群出土
口径 23、底径 15.5、通高 12.7 厘米

三圆形盘口相连，方唇，直壁，灯盘较浅，灯盘由三弧形支架连接灯柱，灯柱圆形，喇叭状座。

铜灯 2012FZZM4：11

西汉
涪陵江北墓群转转堡墓群出土
口径 22.2、底径 14.5、通高 32.5 厘米

盘口，方唇，直壁，灯盘较浅，三弧形支架连接灯柱，灯柱呈蒜头和竹节形，喇叭状底座。

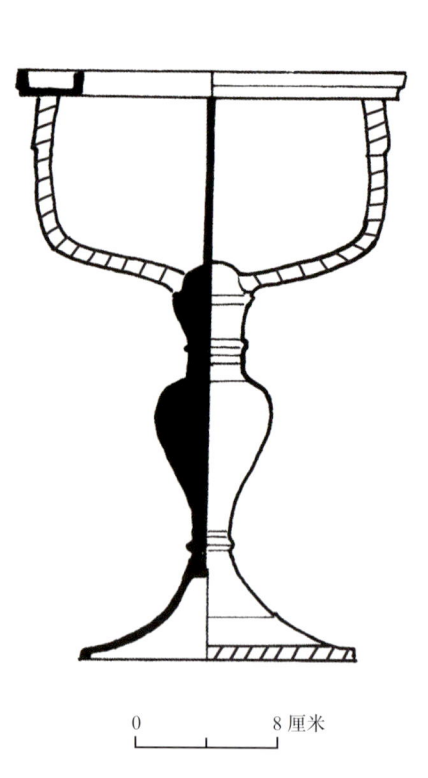

铜灯 2010FJZM1∶13

西汉
涪陵江北墓群转转堡墓地出土
盘径13.2、底径13.5、高20.8厘米

浅盘口，盘中心有一细小尖状灯芯柱，细长柄呈蒜头和竹节状，喇叭状底座。

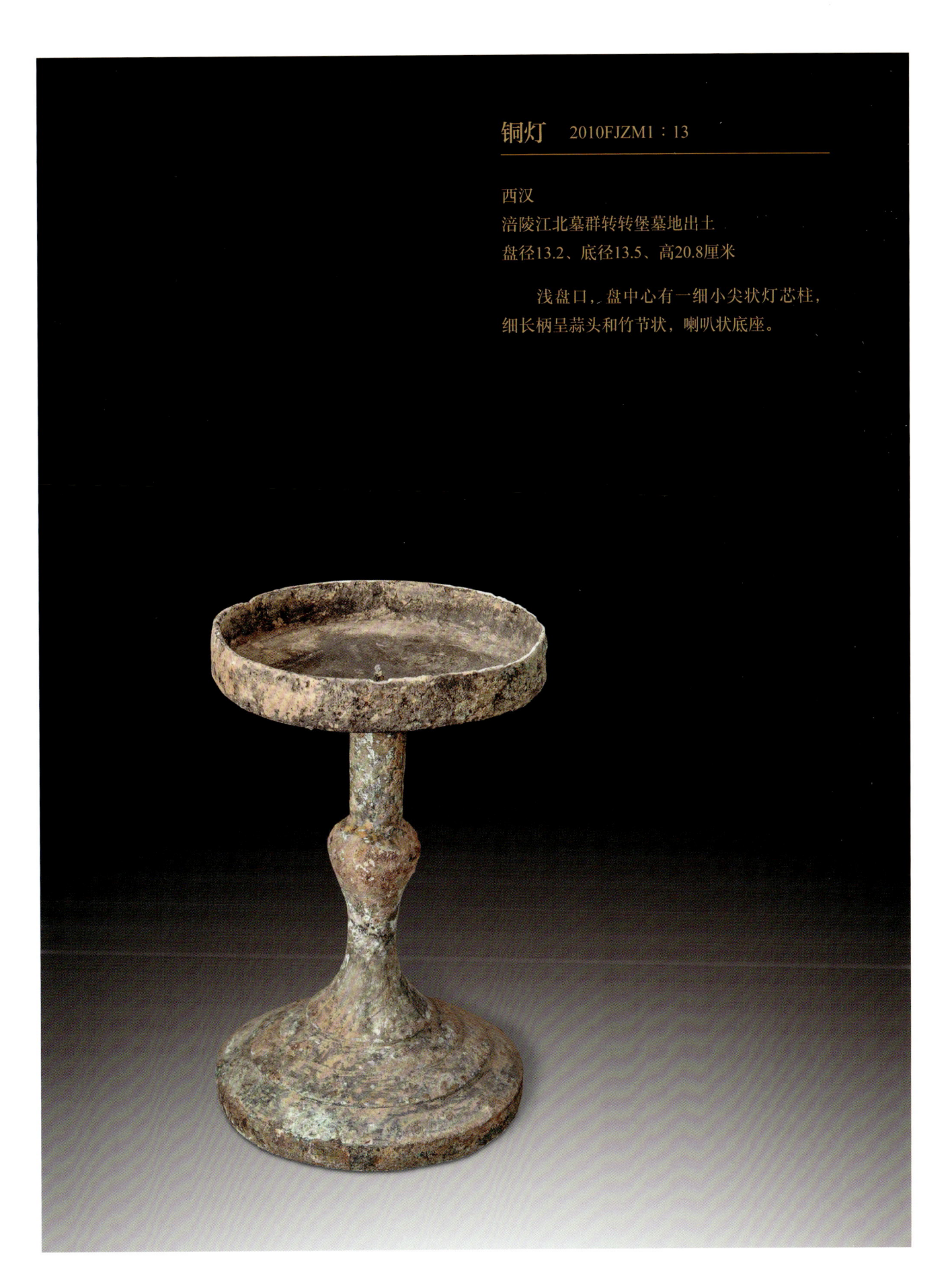

铜镜 2014WXSM9：12

西汉

万州上河坝墓群出土

直径 12.27～12.37、缘厚 0.21～0.3、缘宽 0.2～0.3、纽高 0.55、纽径 0.55～1.15、纽孔径 0.5 厘米，重 131.22 克

纽座外依次饰数周弦纹和三组夔纹。

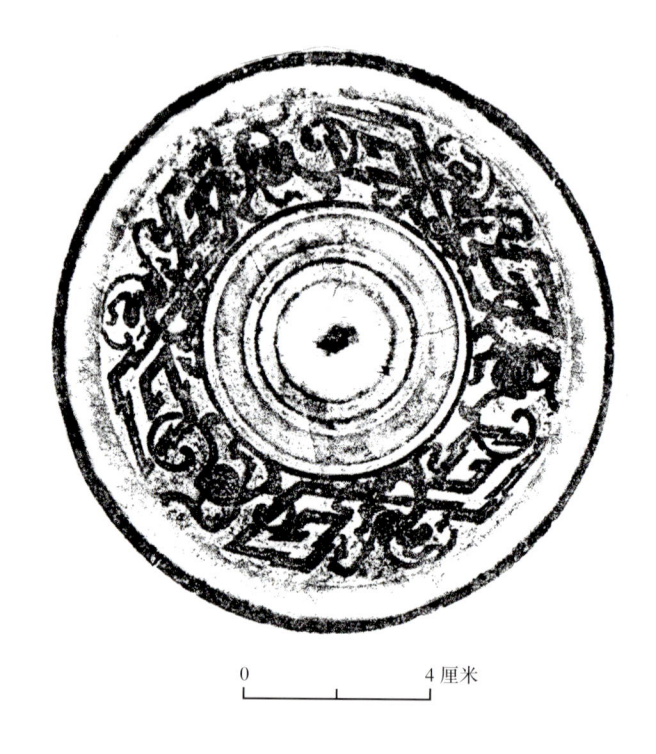

汉至六朝时期　147

铜镜　2012FZZM11∶9

西汉
涪陵江北墓群转转堡墓群出土
直径13.3、厚3厘米

　　花草纹镜。体厚，面微凸。背饰两圈凸弦纹，间饰变形花草纹，分四组，组间以乳钉纹隔开，中间饰一桥形纽。

汉至六朝时期 149

鎏金铜耳杯钣　2012FMSM2∶35

西汉
丰都上河嘴墓群出土
长7.8厘米

　　一对，形制相同。半月形。

鎏金铜钏　2012FFMSM2：30

西汉
丰都上河嘴墓群出土
直径13.7厘米

　　圆形。

鎏金铜钏　2012FFMSM2：31

西汉
丰都上河嘴墓群出土
直径9.8厘米

　　圆形。

铜带钩　2014CKHM4：22

西汉
开州花石盘墓群出土
长 7.4、宽 1.4 厘米

弧形，内有一圆形凸纽。

铜带钩　2016WWGM71∶10

西汉
巫山高唐观遗址出土
长 10.6、宽 1.2 厘米

钩身细长，微弓，鸟首形钩首，椭圆形钩尾，钩面饰绶带纹，局部镂空，圆纽。

鎏金铜带钩　2016WWGM78∶10

西汉
巫山高唐观遗址出土
长 8.9、宽 2.2 厘米

钩身短粗，拱形，鸟首形钩首，水滴形钩尾，钩面饰绶带纹，镶嵌贝壳三枚，圆纽。

铜簪　2016WWGM25∶1

西汉
巫山高唐观遗址出土
长12.2厘米

簪杆细长，尖圆柱形，柄方柱形，簪头花形垂珠。

铜削　2016WWGM73∶2

西汉
巫山高唐观遗址出土
环径1.3～2、刃宽1.2、握宽0.7、通长10厘米。

椭圆形环首，握部细长，与环首固接。一边开刃，锋锐。

玉璧　2016WWGM26：1

西汉
巫山高唐观遗址出土
外径10.5、内径4、厚0.4厘米

　　表面抛光，孔壁打磨光滑，局部残缺。璧体两面有两组同心圆凹弦纹，形成内外边郭，其间装饰谷纹。

玉璧　2016WWGM78：3

西汉
巫山高唐观遗址出土
外径20.5、内径4.2、厚0.6厘米

　　表面抛光，孔壁打磨光滑，表面有浸蚀。素面。

琉璃耳珰　2013WWCM22：1

西汉
巫山陈家包墓群出土
长 2 厘米

　　琉璃质。柱状，中空，两端粗，中部细，束腰形。

陶锺　2012YBYM6∶19

东汉
云阳营盘包墓群出土
口径16.2、腹径22、底径17.4、通高36厘米

泥质红陶，施酱绿釉。盘口，方唇，长颈，扁鼓腹，高圈足外撇，肩腹部饰三周凹弦纹和一对铺首，颈肩结合部凹陷。弧顶盖，子母口，环纽。

陶锺　2014CKHM9∶10

东汉
开州花石盘墓群出土
口径14.8、腹径22.4、底径14、高30厘米

　　泥质红陶，外表面通体施红褐釉。敞口，方唇，粗颈，斜肩，斜腹下收，圈足。由口至肩饰九周凹弦纹，肩部左右各以一铺首衔环为装饰。

陶锺　2013FSM11：8

东汉
丰都马鞍山墓群出土
口径18.2、腹径26、底径18.2、高29.6厘米

泥质红陶，器表施红釉，部分剥落。浅盘口，方唇，束颈，溜肩，扁弧腹，圈足外撇。肩部饰有八周凹弦纹，肩部饰有两个对称的衔环铺首，足部饰有四周凹弦纹。

陶带盖罐　2017ZYPM10∶4

东汉
忠县坪上遗址出土
外口径14.8、内口径10.2、最大腹径22.6、底径13.6、高16.2厘米，盖纽纽径5.2厘米

　　泥质灰褐陶。罐身与盖成套出土，盖纽略呈圆形。罐身直口，双唇，矮领，鼓腹，平底。

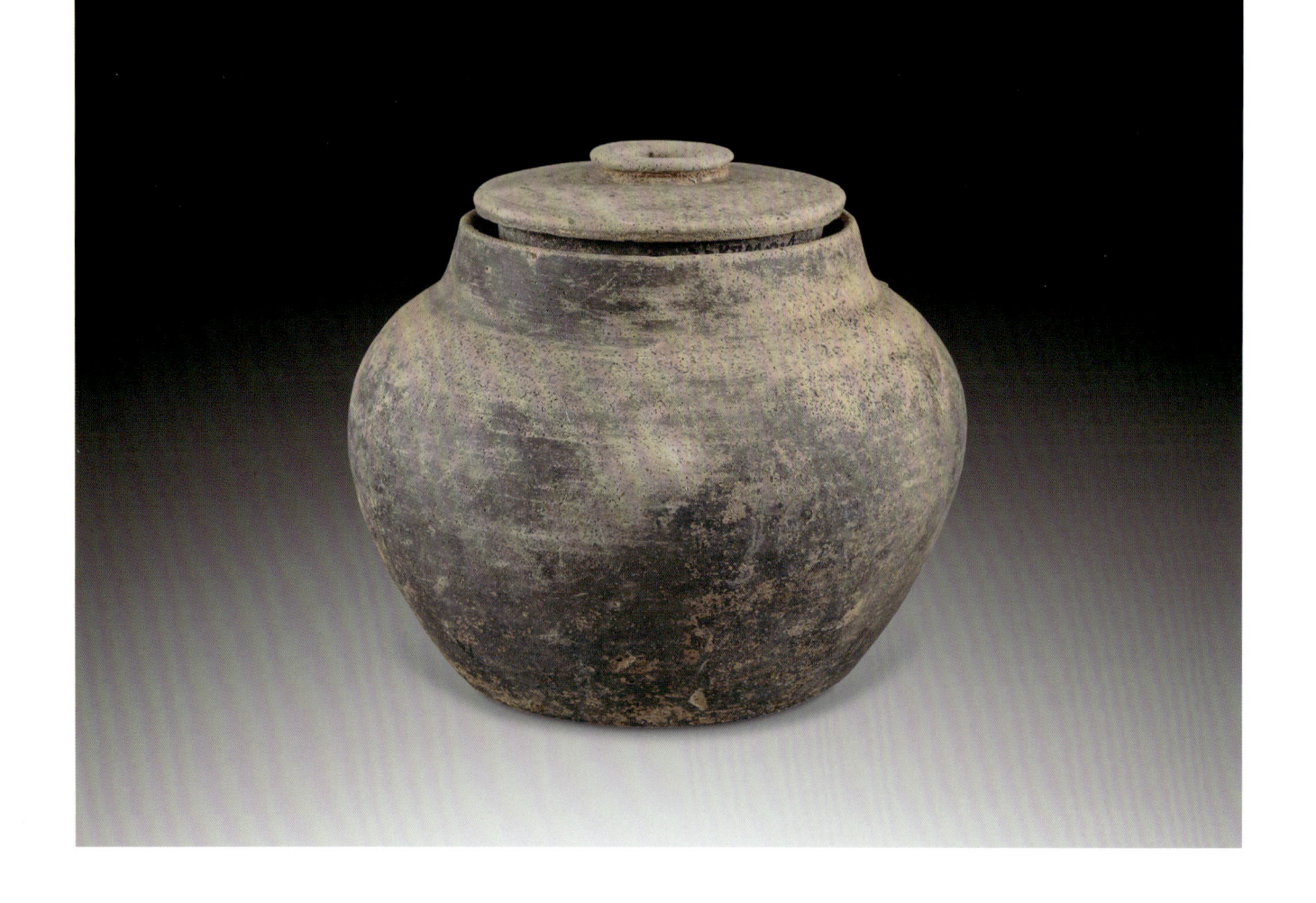

陶罐　2013ZYYM1∶2

东汉
忠县沿江二队墓群出土
口径22.4、腹径37.2、底径19.8、高23.8厘米

泥质灰陶。敛口，尖圆唇，高领，折肩，曲腹，平底。肩部以下拍印菱形网格纹。

陶圜底罐　2013ZYYM1:3

东汉
忠县沿江二队墓群出土
口径12.6、腹径31.2、高19.6厘米

泥质灰陶。敛口，折平沿，束颈，溜肩，弧腹，圜底。肩部饰三周戳印带，腹部饰竖绳纹。

陶罐　2011CFHM4：1

东汉
涪陵北岩墓群黄金堡墓地出土
口径 7.6、腹径 14.1、底径 8、高 9.8 厘米

红胎，施绿釉，釉不及底。敞口，圆唇，短领，斜肩，鼓腹，平底内凹。肩部有两周凹弦纹。

陶瓮 2012FHLM2：11

东汉
丰都汇南墓群出土
口径13.8、底径12.8、高24厘米

　　泥质釉陶，外表通体施酱红色薄釉。敛口，方唇，颈斜直、上端内收，斜肩较窄，上腹鼓，下腹内收，平底。肩腹交界处有一周凹弦纹。

陶甑　2012ZWWM1∶45

东汉
忠县瓦窑六队墓群出土
口径 13、底径 5.4、高 7.2 厘米

　　夹砂灰褐陶。侈口，尖圆唇，微束颈，弧腹，平底，底部有七个箅孔。

陶钵 2011YBYM2∶18

东汉
云阳营盘包墓群出土
口径 12.2、底径 5.4、高 4.4 厘米

泥质灰陶。敞口，尖圆唇，平底。

陶魁 2012FHLM2∶14

东汉
丰都汇南墓群出土
口径 19.5、底径 6.7、高 7.5 厘米

泥质釉陶，内壁施青绿色薄釉，外表施半釉。敞口，圆唇，弧腹折收，平底内凹。外壁上腹贴塑一兽首形柄。

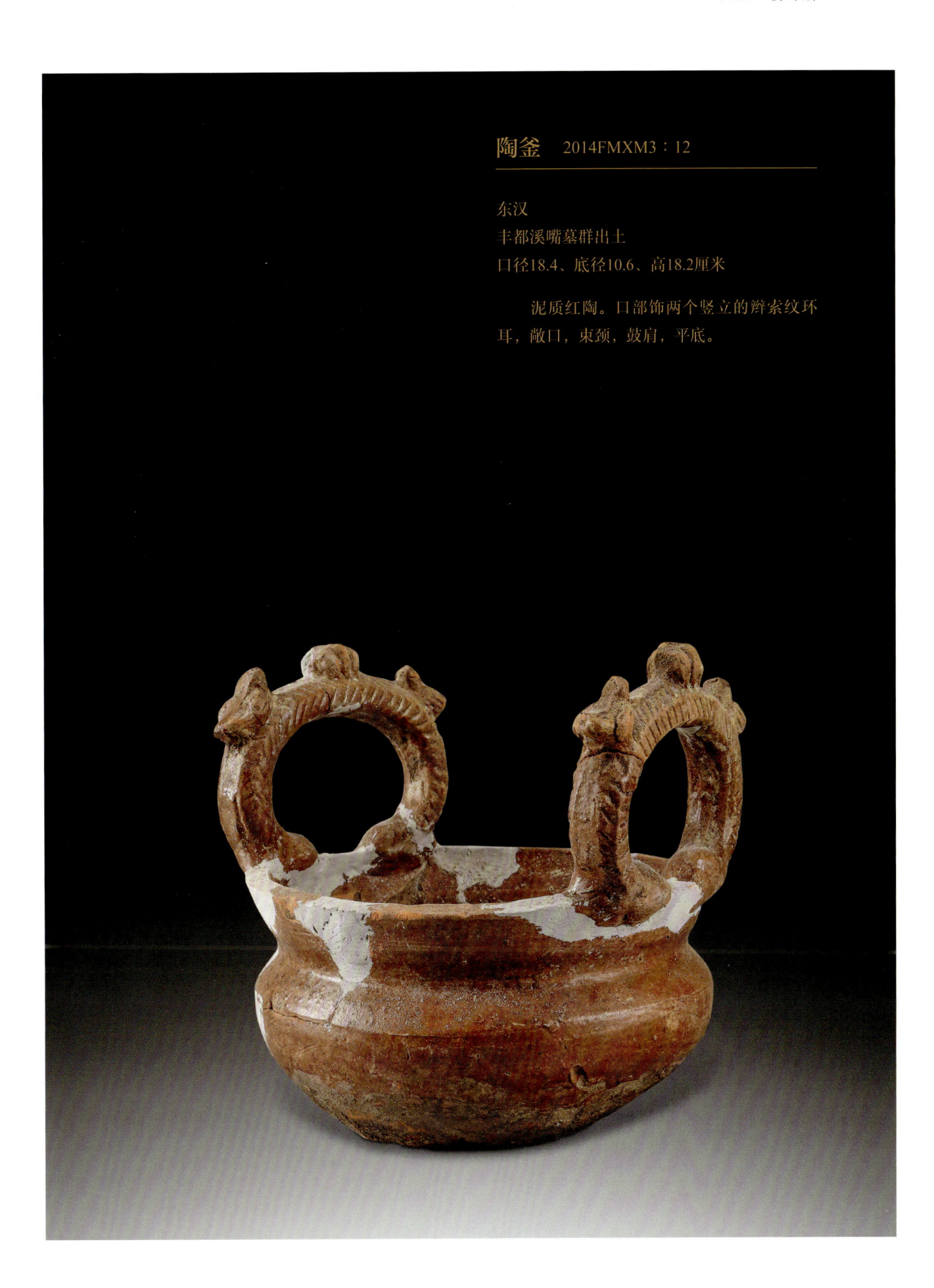

陶釜　2014FMXM3：12

东汉
丰都溪嘴墓群出土
口径18.4、底径10.6、高18.2厘米

泥质红陶。口部饰两个竖立的辫索纹环耳，敞口，束颈，鼓肩，平底。

陶奁　2012FMSM3：5

东汉
丰都上河嘴墓群出土
边长22.6、通高27.8厘米

　　泥质红陶，外施绿釉，釉面多已脱落。由奁身、奁盖组成。奁身为方形，子母口，直腹，中有一隔板将奁内空间分成两半部分，平底，底部有四兽蹄足。奁盖为敞口，折腹斜收成穹窿顶，盖顶饰交叉突棱两道，顶中饰柿蒂纹。

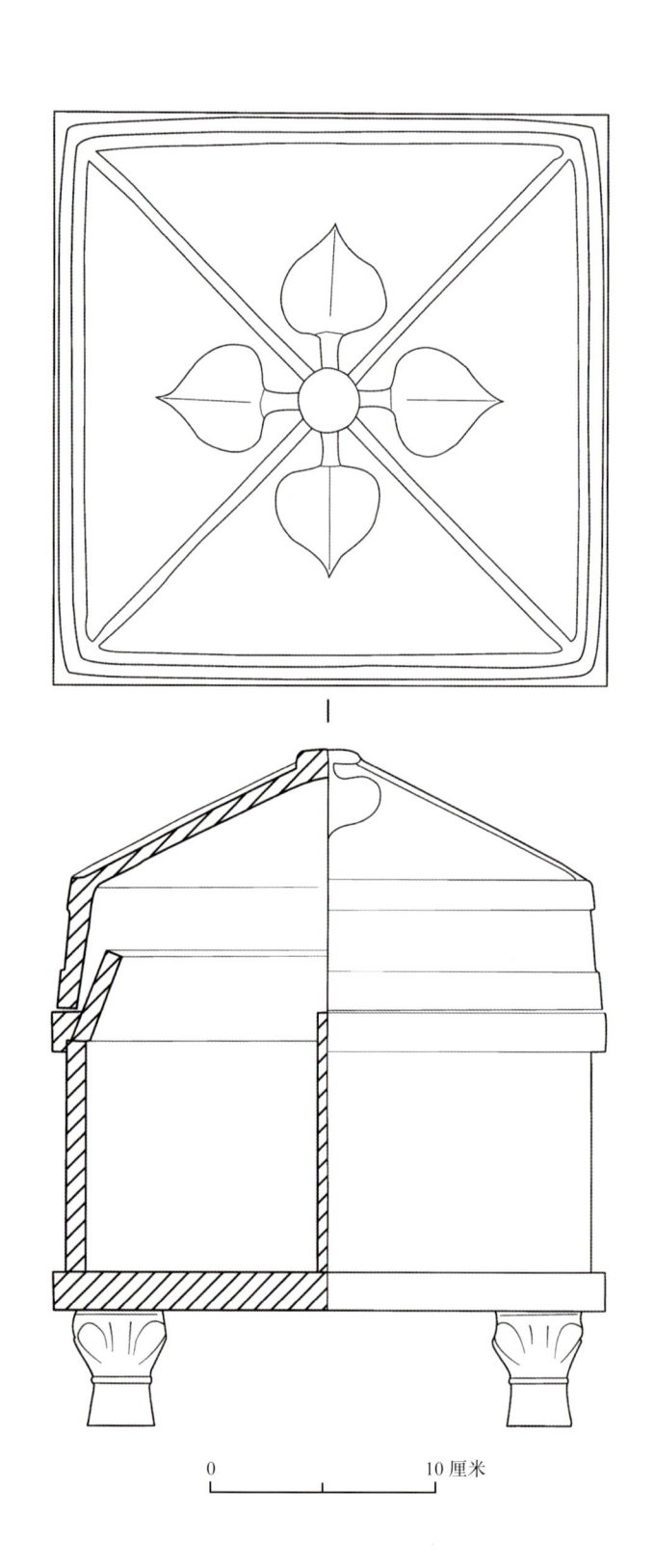

汉至六朝时期　169

陶案 2012FHLM2：8

东汉
丰都汇南墓群林口墓地出土
长 43、宽 28、高 6 厘米

泥质釉陶，盘内施酱黄色薄釉。平口，浅盘，矮斜壁，内底平，底部附四个兽蹄形足。

陶案　2011CFHM4∶7

东汉
涪陵北岩墓群黄金堡墓地出土
长 58.5、宽 38.4、高 8.2 厘米

红陶，施绿釉。平面长方形，底附四几何形足。

陶井　2017FMPM8：17

东汉
丰都窑子垮遗址坪上墓地出土
井口径15.8、底径14.4、高29.4厘米

泥质红陶，井身及横梁部分施青釉。由井架和井身两部分组成，井架和横梁上面有屋檐遮盖，横梁上空，正中有一辘轳，应是系绳打水所用。井身敞口，圆唇，束颈，深腹，平底。

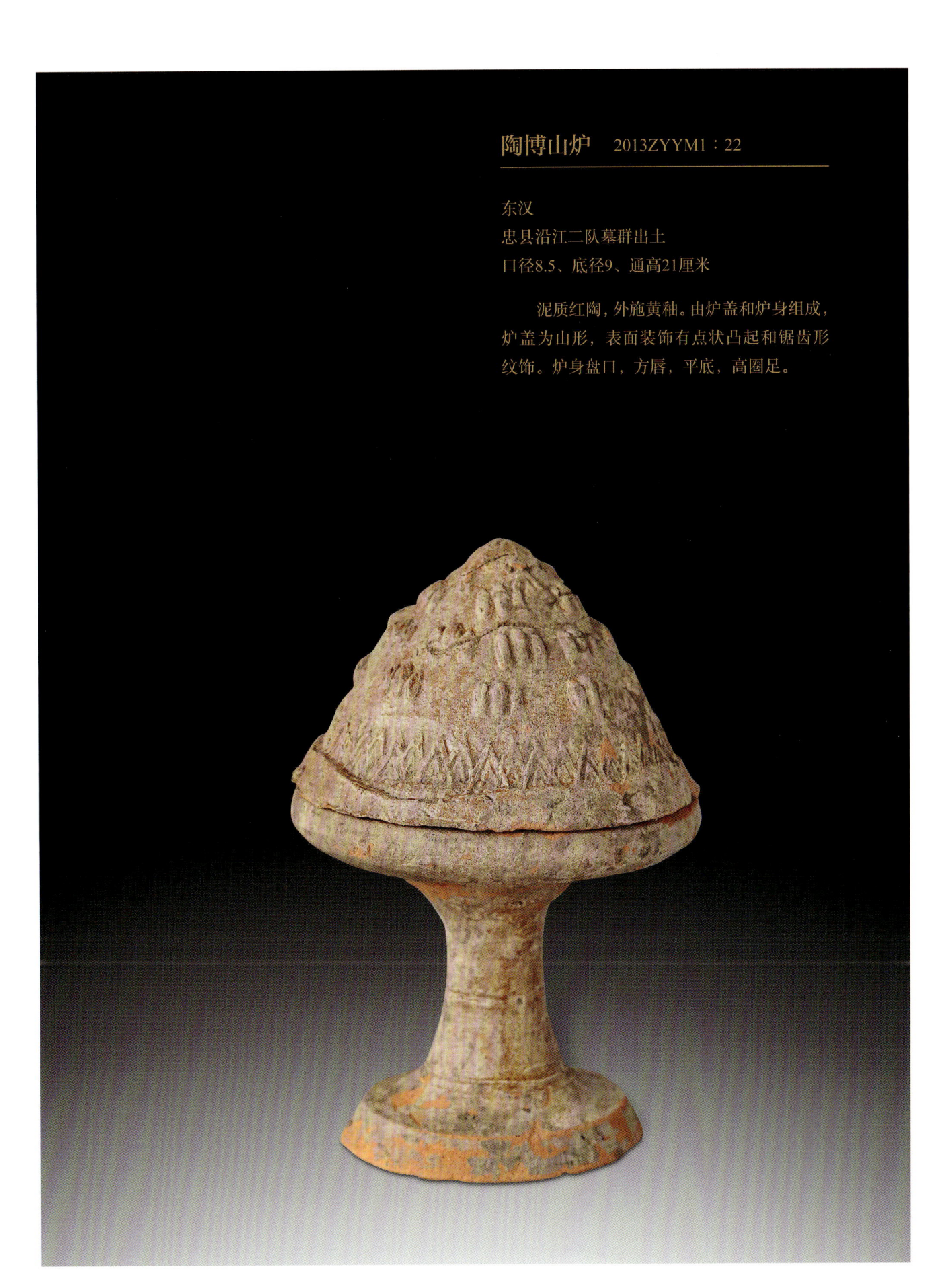

陶博山炉　2013ZYYM1：22

东汉
忠县沿江二队墓群出土
口径8.5、底径9、通高21厘米

　　泥质红陶，外施黄釉。由炉盖和炉身组成，炉盖为山形，表面装饰有点状凸起和锯齿形纹饰。炉身盘口，方唇，平底，高圈足。

陶兽座灯　2014FMXM3:6

东汉
丰都溪嘴墓群出土
盘口直径 13.2、通高 24.2 厘米

泥质红陶。灯盘为直口，弧腹，平底，底部接一个圆柱柄，柄下部接一小兽。小兽杏眼，尖嘴，露齿，上身直立，两前臂弯曲下垂，下身骑于一蟾蜍身上。蟾蜍圆眼，阔嘴，呈匍匐状。

陶兽座灯　2012FFMSM3∶6

东汉
丰都上河嘴墓群出土
口径11.4、高19.6厘米

泥质红陶，外施黄绿釉。由灯盘和灯座组成，灯盘为子母口，斜直壁，灯座为一蹲坐状的熊。

陶灶

2012WWWM1:3、7、16、19

东汉
巫山万元沟墓地出土
灶长 22.2、宽 11.8、高 7.7 厘米

　　泥质灰陶。一灶三皿。灶平面呈圆角长方形，立面两个弧形火门，底部饰细绳纹。顶面两个圆形灶眼，灶眼上分别为釜和上甑下罐。甑敞口，折沿，圆尖唇，平底，底部有箅孔。罐敞口，圆唇，长颈，斜肩，斜腹，平底。

陶楼　2012FHLM2：65

东汉
丰都汇南墓群林口墓地出土
顶宽 98.8、体宽 77.3、高 64、厚 35.9 厘米

泥质灰陶。三重檐，长方体空心箱式，房体正前方镂空门洞，在门洞外分别纵向立柱，柱棱施一斗二升托檐。斗拱由嵌插于二层房檐边上纵向挑出的华拱状板块支撑，二升之上承接栏板。栏板与拱脚连接处为板形栌斗，左右两侧各吊一垂瓜。拱板曲弯处各伏卧一只禽鸟，房体左右两侧各有四人。第二层房顶呈庑殿式，前面两侧戗脊末端高翘，端面贴串饼形瓦当四个。屋面纵向设 15 道条形半圆状瓦垄，瓦垄末端各贴塑一小饼形瓦当。屋檐下接长方形檐额。二层房体房间中部纵向竖一隔板，将其区分为左右两开间。房内右侧隔间，分为上下两层。上层房内从屋顶下垂一帷幔，下半部向两侧分开，露出屋内跽坐的妇人。中部斜探出三个半身人。房左间内空，外侧置栏板。栏板左右两侧各探出一半身人（左侧人残缺），上部外露五个半身人。房底台基底板前伸 7 厘米，底板前端设两层台阶，上层台阶回廊两侧对穿，中间有一斜坡状板块；底层台阶回廊两边横置板墙，其上支撑第一层屋顶，屋顶斜坡状，左右边缘各凸起戗脊，戗脊末端贴串束状饼形瓦当四个。屋顶表面各设两道瓦垄，屋檐处瓦垄末端各贴一饼饰状瓦当。在各侧板墙的半腰左右斜上探出两个半身人。二层檐板额及以上的人物均施红色彩绘，大部分剥落。

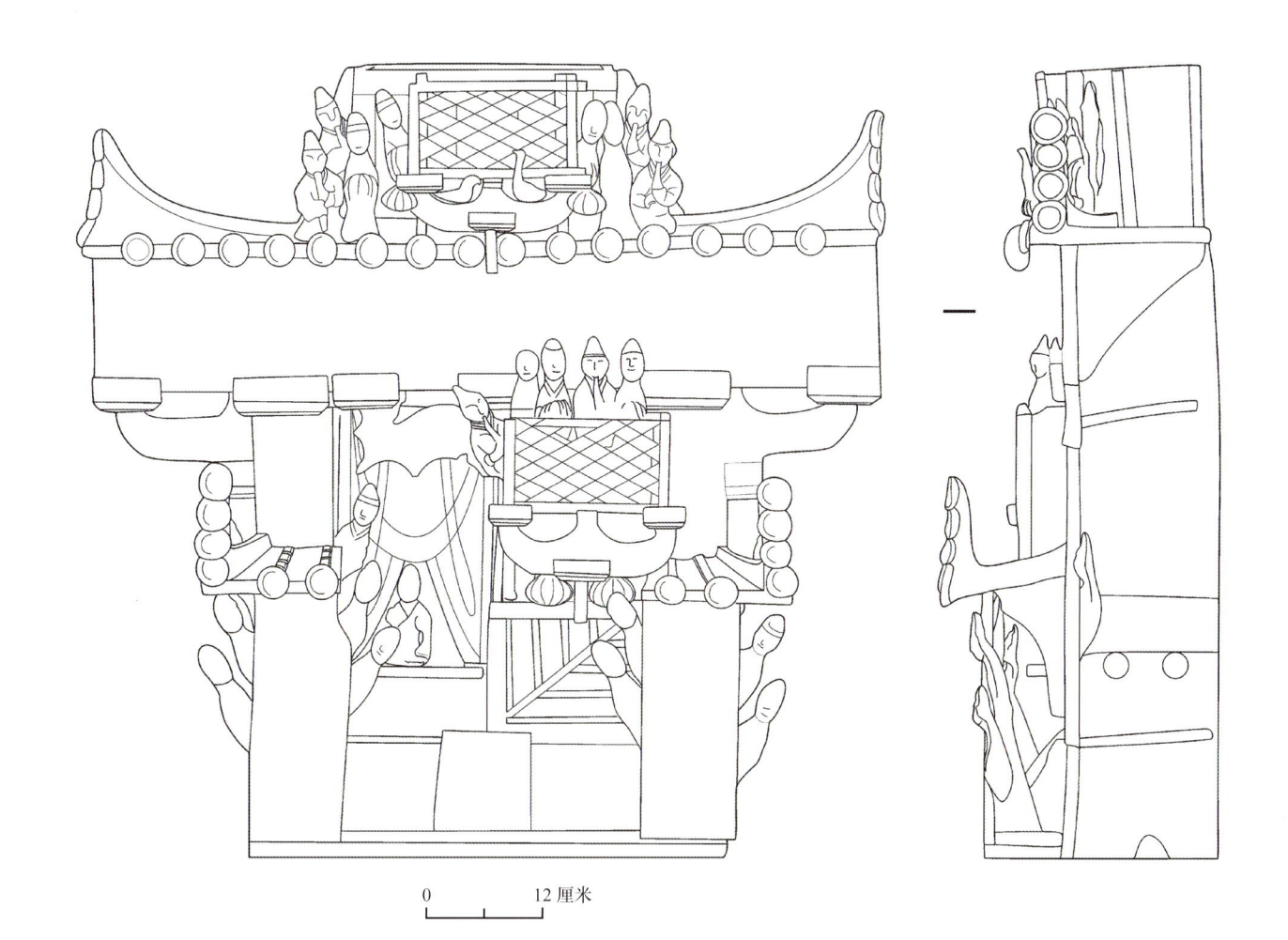

0　　12 厘米

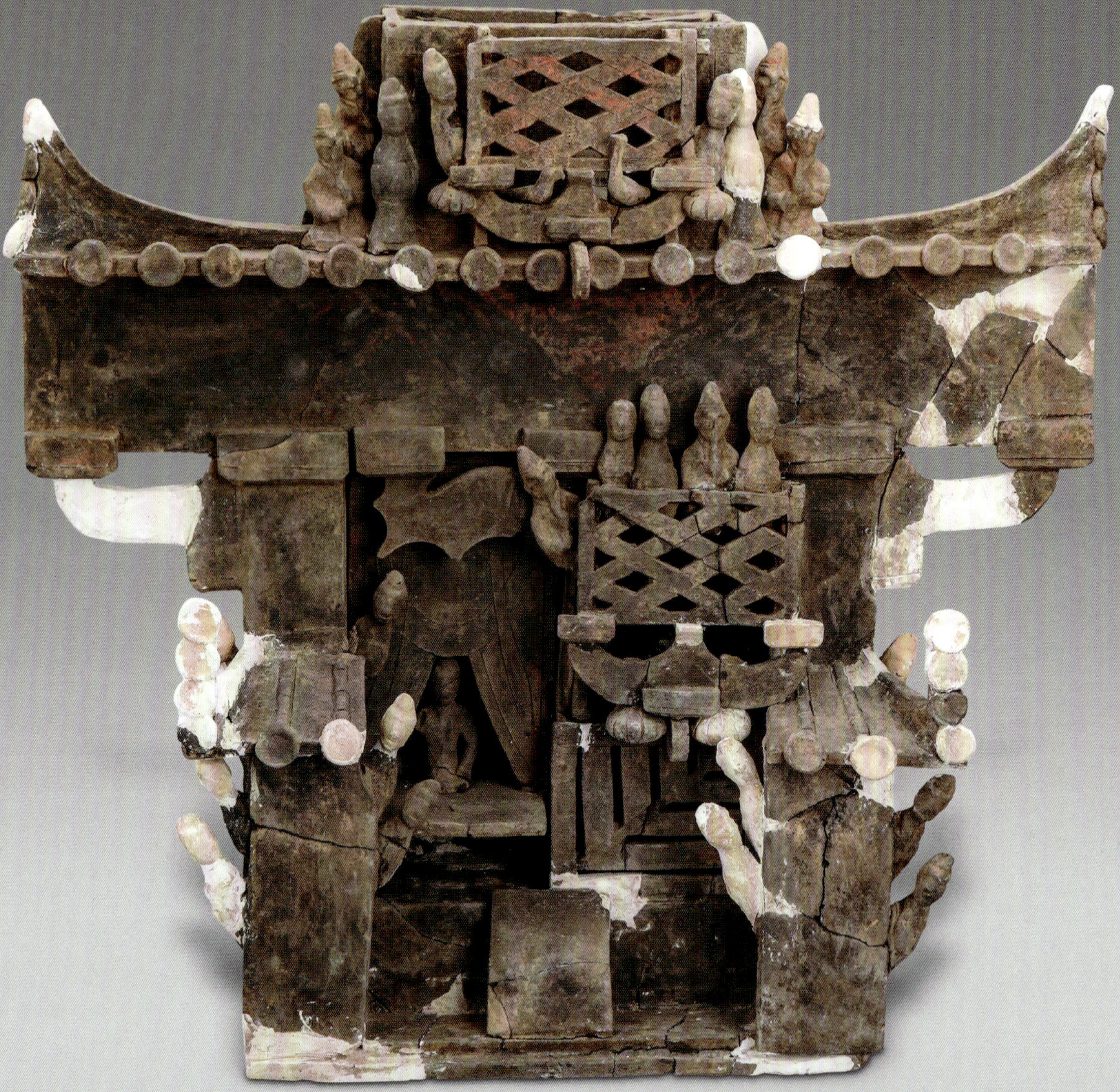

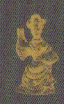

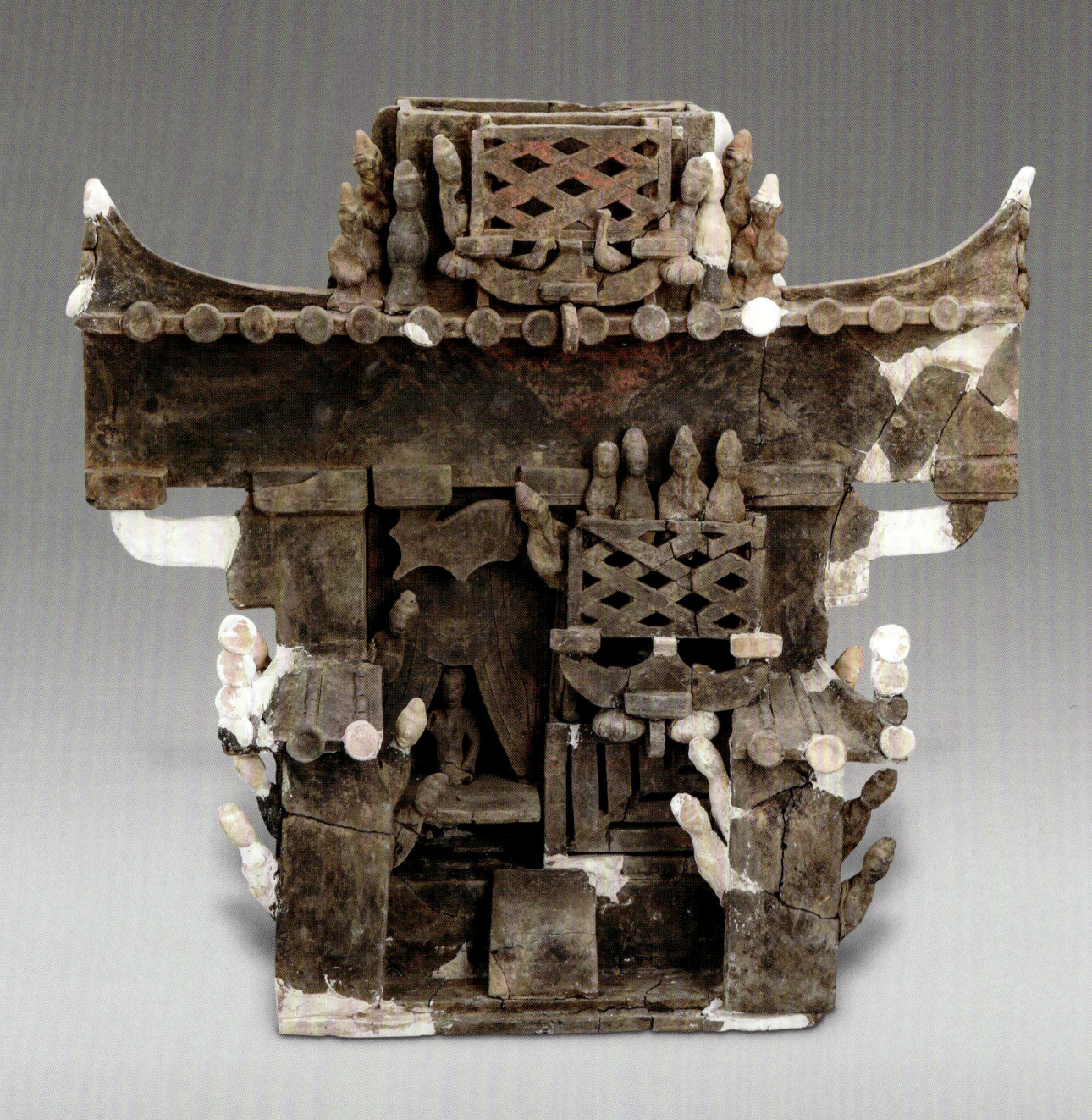

汉至六朝时期　179

陶楼　2012FHLM2∶74

东汉
丰都汇南墓群林口墓地出土
顶宽104、体宽72.4、高66.2、厚33.5厘米

　　泥质灰陶。庑殿顶，正脊两端高翘，起翘端上下砌塑四个饼状瓦当，两侧戗脊末端翘角，尽端各砌塑五个小饼状瓦当。正面屋顶设12道瓦垄，瓦垄末端贴塑饼状瓦当。屋基背面未设瓦垄，两侧屋檐抹角呈圆弧形。屋檐正面下接长方形宽额檐板，背面接屋体后壁。房体为长方体空心箱式板块密封结构，两侧壁板块中部平排对穿两个小孔。房体内部置两块纵向隔板，将其分隔成明间略宽，次间略小的三开间。隔板外棱施一斗三升托檐。左右两侧拱脚和檐额连接处施板形栌斗，栌斗之下各吊一垂瓜。房体底板向前延伸，内置回廊，回廊外立栏板。栏板两侧各探出一半身人。护栏之上置平板，平板左右两侧各置三人，里侧两位直立作静听状，最外侧为吹箫者。平板两端下沿各吊一垂瓜，其上立两柱，柱高超过檐额下沿，施一斗三升托承二层栏板及回廊。回廊空置，栏板左右两侧斜上各探出两位半身人（左侧上方一人残缺），栏板上方内侧外露半身五人，有吹箫和静听者两种。栏板右侧角上伏卧一只禽鸟。

0　　12厘米

汉至六朝时期　181

182　重庆三峡后续工作考古出土文物图集

陶辟邪钱树座　2012FHLM2∶56

东汉
丰都汇南墓群林口墓地出土
长 61、宽 42、高 61 厘米

泥质灰陶。辟邪绕柱，底座为近半圆形薄板。在底座中部偏前位置立一圆柱，柱贯通底板，中空。柱分上下两节，上细下粗，柱身有八细孔，现嵌插五朵灵芝。柱左侧向外伸出弯钩状板饰。辟邪昂首挺胸，头顾左方，双角竖立，双耳向两侧展伸，怒目，眉向后飘逸。口大张，露出牙齿，舌尖上卷。腮毛后张，须毛弯曲下垂。颈竖直，塌腰，翘臀，鼓腹垂地，鳍形脊，粗尾下垂接底座，尾部末端左右分叉，呈蛇形弯曲。底座前侧立一山形薄片桩，紧贴辟邪前胸向上，桩头伏卧一鸱鸮，闭目，长喙，双翅下垂，三爪形足。辟邪右前肢踩踏于底板上，跖掌着地，四爪趾抬空；左前肢腾空，下以山形扁柱承托，爪趾呈弯钩状，臂上部的羽状长毛向后，呈卷云状；左后肢脚掌微抬，四爪前伸，下有一山形墩台支撑；右后肢向外斜踏底板。辟邪背部左侧有卷曲形羽，背上跽座一人，头盘髻，浓眉，眯眼，高鼻，抿嘴，身着右衽长袍，双手隐于衣袖中，拱手，广袖绕膝。辟邪臀有一蟾蜍，头前伸，圆眼，弓背，鼓腹，作攀爬状。辟邪前肢下伸出一龙，龙首怒目，嘴大张，露齿，腮毛后张下垂；后肢下伸出一虎，伏于肢爪上，怒目，嘴大张，露齿，腮毛后张下垂。

0　　　10 厘米

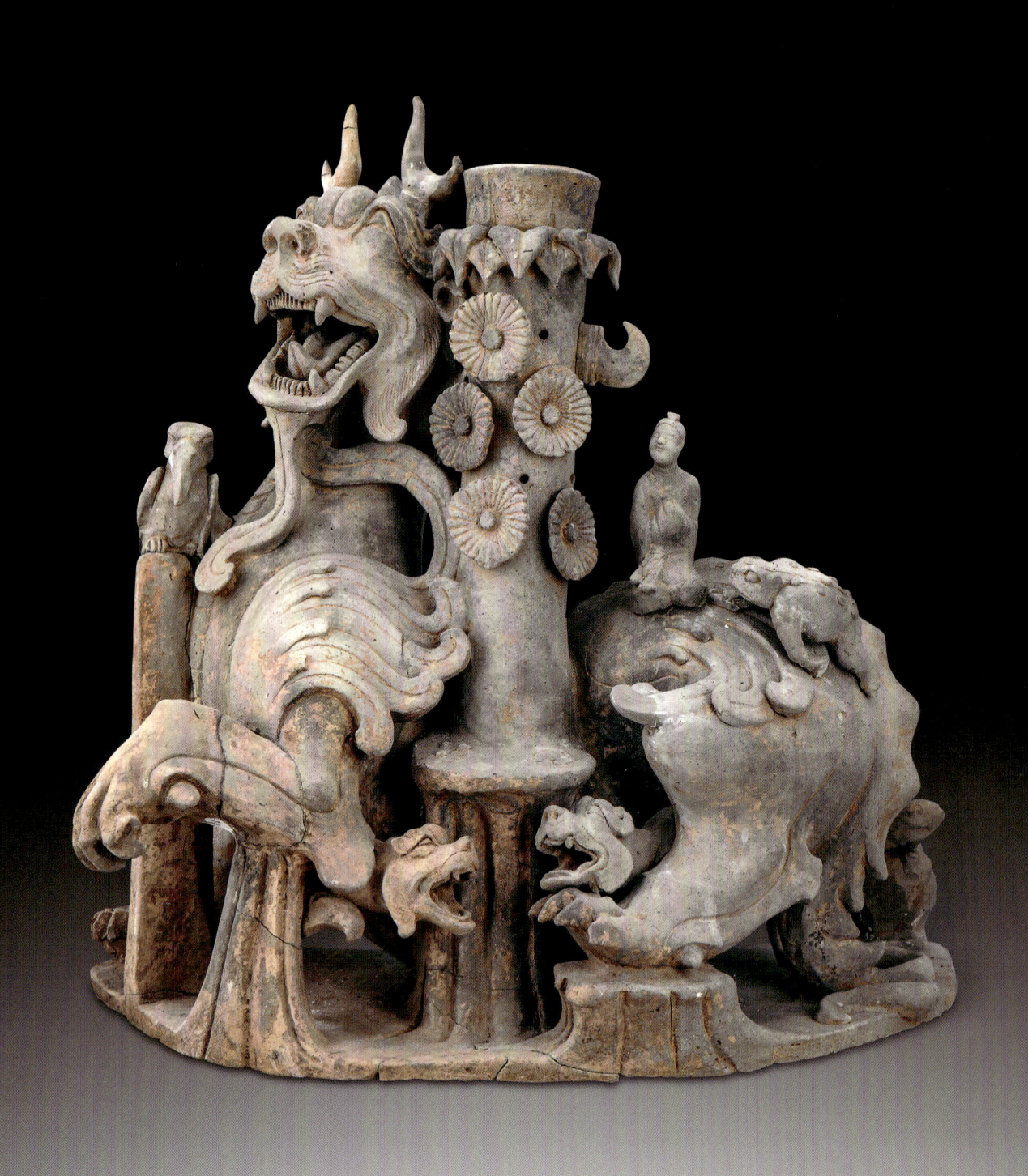

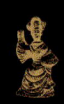

汉至六朝时期 185

陶钱树座　2013FSMM11：40

东汉
丰都马鞍山墓群出土
顶部口径4.8、底径25.2~26.8、高44.8厘米

　　泥质红陶，器表施绿釉，大部分剥落。由圆柱、底座两部分组成。圆柱为近圆形，中空，柱外壁饰有一周凸弦纹和两周粗绳纹。底座上部为一神兽，鼓眼，张嘴，露牙，带翼，四足直立；其下为另一神兽，张嘴，带翼，前腿弯曲，后腿直立；中部为山形饰，饰有菱形连钱纹；下部为一近圆形底座。

陶钱树座　2014FNJM3∶24

东汉
涪陵焦岩遗址出土
底径37、残高43厘米

泥质灰陶，手制。顶部中央为圆形插杆孔。通体镂空塑为"二龙戏珠"，双龙盘绕整个座身，龙身周围塑有人物、花草等图案。

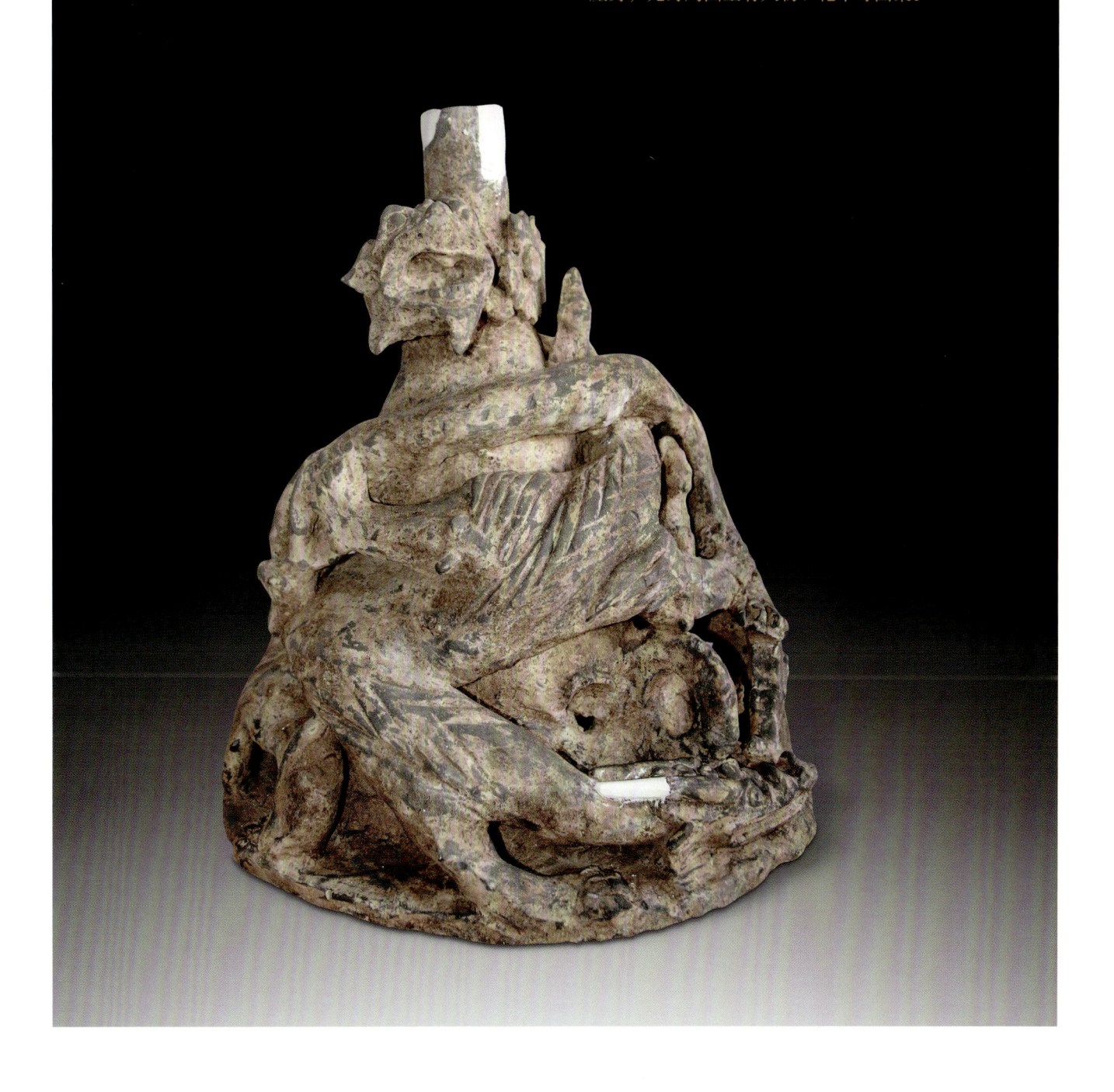

陶武士俑　2014FMXM3∶1

东汉
丰都溪嘴墓群出土
宽 6～14、通高 49.4 厘米

　　泥质红陶。头戴兜鍪，身着对襟铠甲，腰系带，带上饰菱形纹，右手执竖直下垂的环首刀，下身着裤，足着履。

陶执刀俑 2017FMPM7：22

东汉
丰都窑子堎遗址坪上墓地出土
高55.6、宽19.2厘米

泥质红陶。站立，戴平巾帻，身着右衽长衣，佩环首刀，左手握刀。

陶执盾俑　2017FMPM7：11

东汉
丰都窑子塝遗址坪上墓地出土
高 54.4、宽 20.4 厘米

　　泥质红陶。站立，戴平巾帻，身着右衽长衣。左手握环首刀，小臂挎盾。

陶执盾俑　2012FMSM3∶9

东汉
丰都上河嘴墓群出土
宽 18.9、高 55.2 厘米

　　泥质红陶。头戴平巾帻，褒衣圆领，外衣交领右衽，腰系围带，脚着履。右臂前指，手部已缺，左臂挽盾，左手执环首刀。

陶执锄俑　2012FHLM2:55

东汉
丰都江南墓群林口墓地出土
宽19.8、高65厘米

泥质灰陶。男性，头戴平顶冠帽，阔脸，广目，塌鼻，嘴微张。身着右衽窄袖短袍，束腰。右手握锄，锄头向上，把下垂，左手提箕，双脚穿圆口靴。

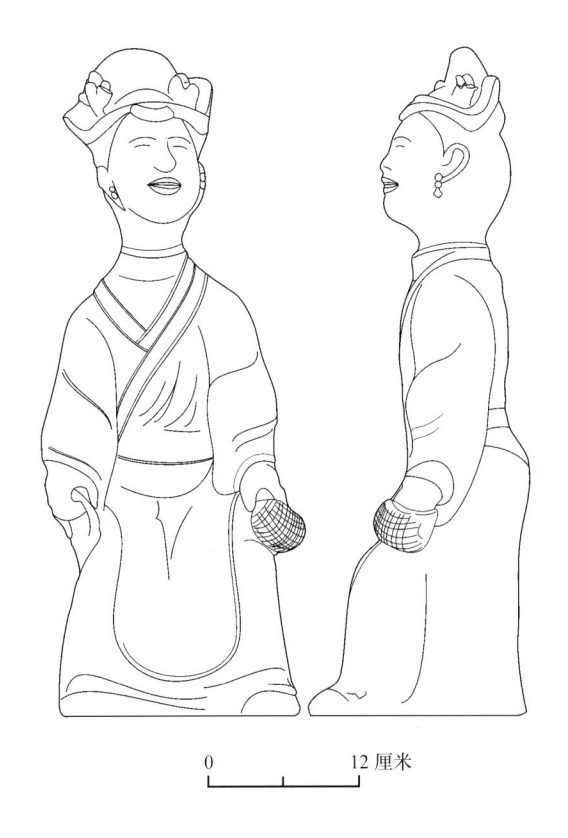

陶出恭俑　2012FHLM2∶43

东汉
丰都汇南墓群林口墓地出土
宽 17.7、高 51.8 厘米

泥质灰陶。女性，站立略蹲状，头梳高髻，系绡头，插笄戴簪花，细眉广目，塌鼻，带三粒圆形耳坠，嘴微张，面带笑容。着圆领内衣，外着右衽窄袖裙服，束腰。右手提裙，左手执一椭圆形物，物外表刻划网状方格纹。

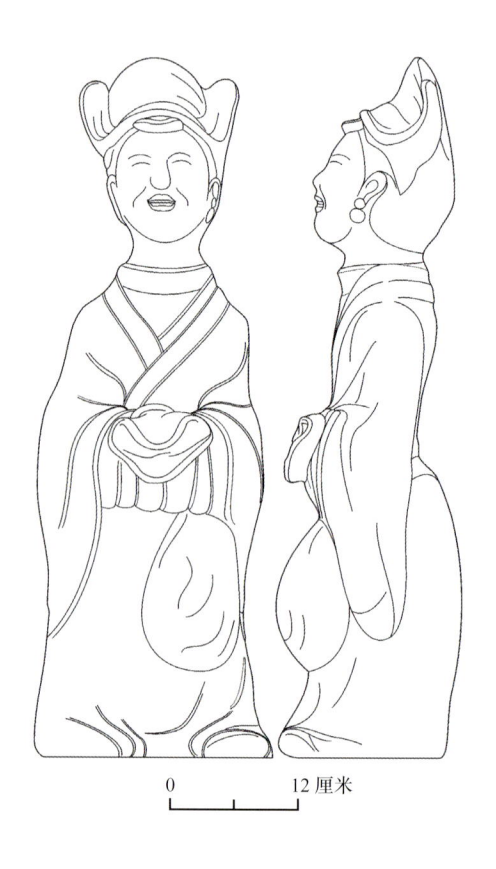

陶提囊俑 2012FHLM2：48

东汉
丰都汇南墓群林口墓地出土
宽 20.9、高 66.1 厘米

泥质灰陶。女性，梳高髻，扎巾，细眉，广目，塌鼻，嘴微张，面带笑容。身穿右衽广袖长裙，束腰，双手拱于胸前，提夹一囊，囊口向前微张，下部圆鼓。

陶抱囊俑 2012FHLM2：70

东汉
丰都汇南墓群林口墓地出土
宽 16.8、高 50.5 厘米

泥质灰陶。男性，头戴平顶圆冠，细眉广目，嘴微张。身着右衽及地袍服，广袖绕襟，足尖外露。拱手抱囊，囊内装一板状物，囊口下垂，露两飘带，左前臂下垂一香囊。

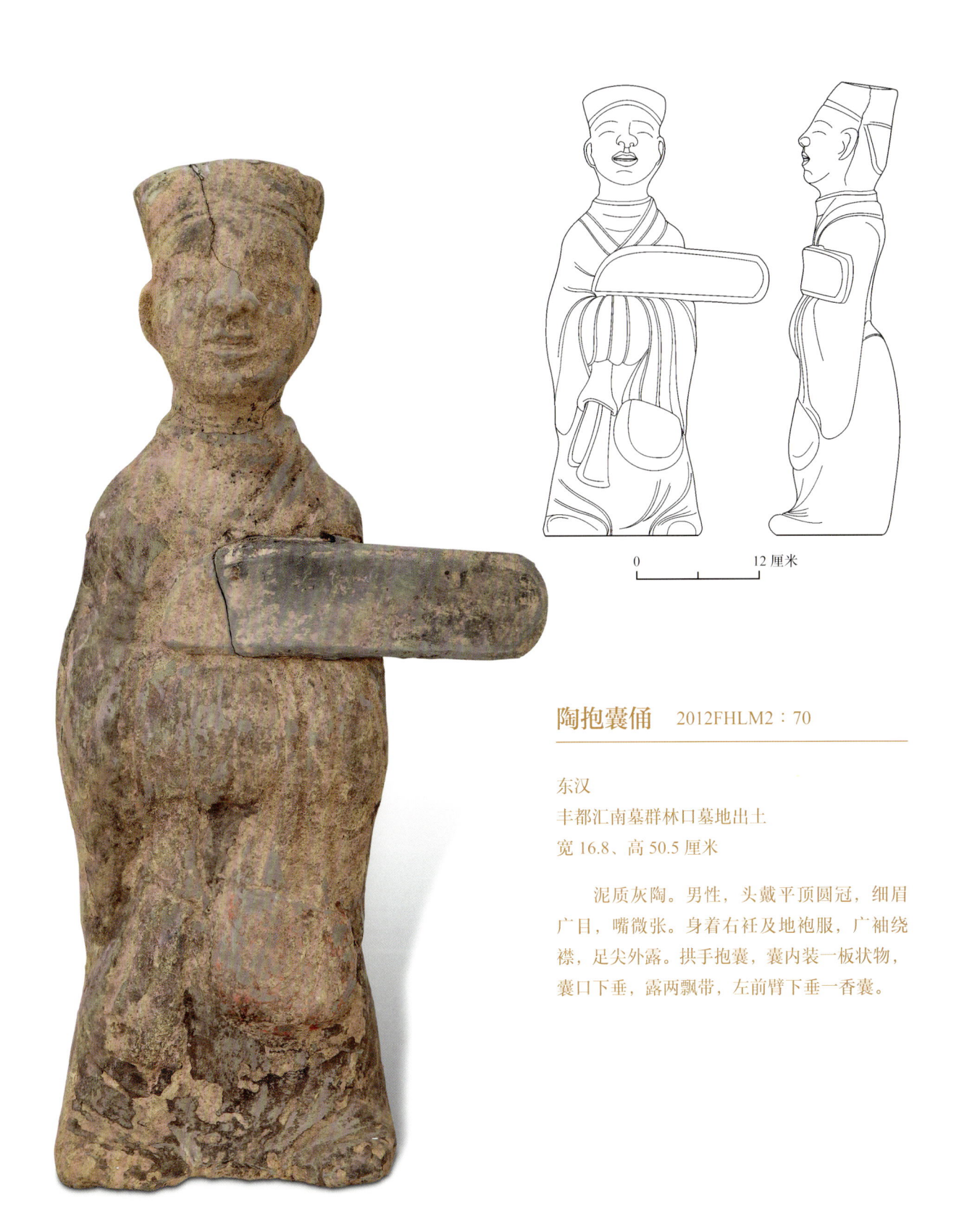

陶舞蹈俑 2015FXM1：21

东汉
奉节谢家包墓群出土
底径24、高45厘米

泥质红陶。空心。呈站姿，头戴冠，着圆领内衣，右衽宽袖长袍，鞋尖微露。一手举于耳侧，长袖后抛，一手下垂提裙。一条腿向外侧弯曲。

陶提袋执便面俑　2015FXM1：24

东汉
奉节谢家包墓群出土
底径 15、高 38 厘米

　　泥质红陶。空心。呈站姿，头戴小帽，着圆领内衣，右衽长袍，脚着屦微露。一手执扇置于胸前，另一手持一布袋于腹前。

陶抚琴俑　2012FHLM2:59

东汉
丰都汇南墓群林口墓地出土
宽15.4、高23.4厘米

泥质红陶。男性，跽坐，头戴介帻，身着长袖右衽长衣。双膝之上平放一横长方形琴，双手放于琴板之上。

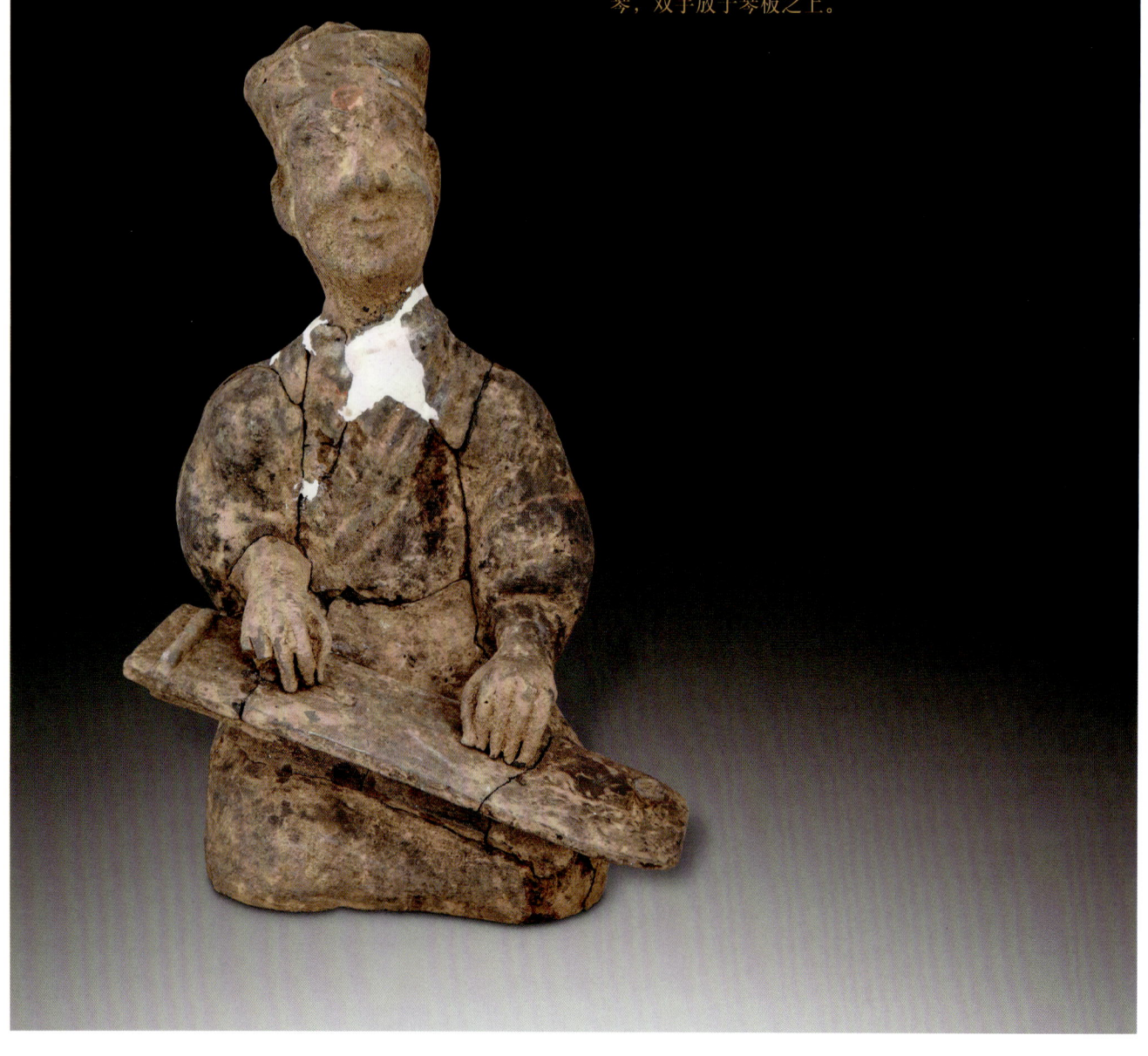

陶抚琴俑　2015FXM1:22

东汉
奉节谢家包墓群出土
底径26、高31.5厘米

红陶。空心。头戴布巾，双眼微闭，面部含笑，着右衽长袍，盘膝而坐，置一琴于膝上，双手抚琴，右手食指曲起，作勾琴弦状。

陶拍乐俑　2012FHLM2∶69

东汉
丰都汇南墓群林口墓地出土
宽 19.5、高 43 厘米

泥质灰陶。女性，跽坐，高髻，前梳双环发型，戴花簪，系绡头，面带笑容。身着右衽窄袖长裙，束腰，挽袖。右手半握屈臂略前伸，左手前臂抬起，持一圆形乐器，右手欲拍。

陶拍乐俑　2012FHLM2：57

东汉
丰都汇南墓群林口墓地出土
宽 19.7、高 43 厘米

　　泥质灰陶。女性，跽坐，高髻，裹巾，插笄，戴簪花，前额饰大花一朵，浓眉大目，嘴角上翘，面带笑容。身着右衽窄袖长裙，束腰，挽袖。右手半握屈臂略前伸，左手前臂抬起，持一圆形乐器，右手欲拍。

陶抚耳俑　2012FMSM3：30

东汉
丰都上河嘴墓群出土
宽20.2、高25.2厘米

泥质红陶。梳山形髻，束巾，褒衣圆领，外衣交领右衽，宽袖，踞座，左手按膝，右手抚耳作倾听状。

陶吹箫俑　2017FMPM8：5

东汉
丰都窑子堡遗址坪上墓地出土
头宽9.6、高26.6、底宽12.8厘米

泥质红陶。跽坐，头戴尖帽，卷发，高鼻，深目，络腮胡，双手执箫吹奏。

陶吹箫俑　2017FMPM7：15

东汉
丰都窑子堎遗址坪上墓地出土
宽11.6、高20厘米

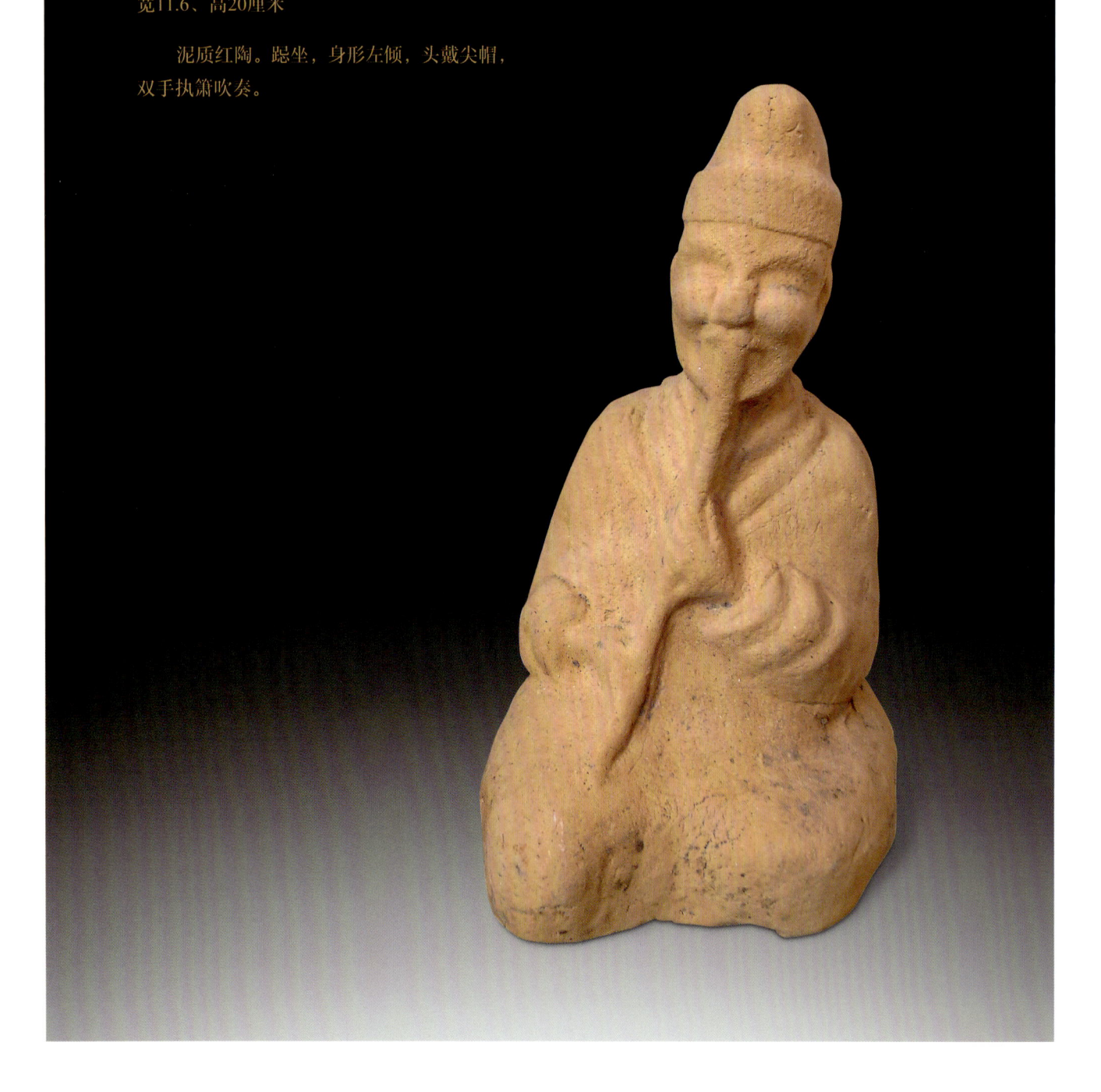

泥质红陶。跪坐，身形左倾，头戴尖帽，双手执箫吹奏。

陶庖厨俑　2015FXM1∶23

东汉
奉节谢家包墓群出土
底径19、高31厘米

　　泥质红陶。空心。头戴小帽，着圆领内衣，右衽长袍，盘膝而坐，置一小案于膝上。双手衣袖略上卷，一手持刀置于身前，一手按住案板上的食材。

陶马 2011CFHM5：1

东汉
涪陵北岩墓群黄金堡墓地出土
长 50.6、高 58.3 厘米

　　泥质灰陶，釉已脱落殆尽。站立状，头套水勒缰，颔首，睁目，立耳，嘴微张，背上有鞍，脖、腹勒带，尾上翘。

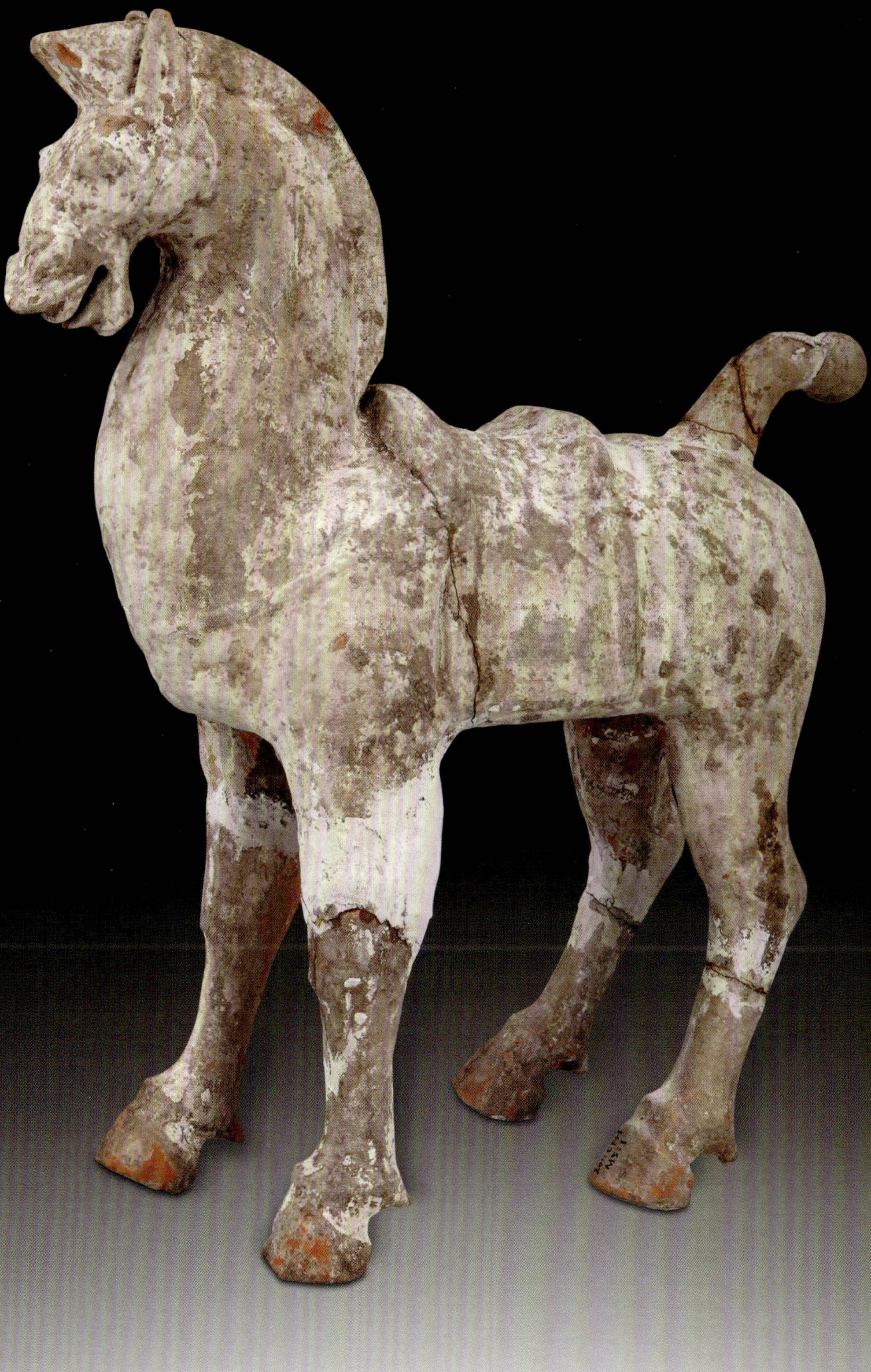

陶子母鸡 2013FSMM20∶21

东汉
丰都马鞍山墓群出土
长17.2、宽11、高13厘米

泥质红陶。蹲卧状，昂首，长颈，翘尾，一子鸡栖息在母鸡背上，向母鸡头部凝视，两侧及底部均有子鸡栖息。

陶子母鸡　2012FHLM2∶73

东汉
丰都汇南墓群林口墓地出土
长17、高13.4厘米

泥质灰陶。母鸡匍匐而卧，胸腹圆鼓，后尾弧形撑展，回首与伏于背上的小鸡作饲喂状。

陶鸡　2015FXM1∶28

东汉
奉节谢家包墓群出土
长18、底径8.5、高19.8厘米

泥质红陶。空心。呈站立状，高冠尖喙，翅膀、尾羽及双爪刻画精细。头部及背部可见范痕。

陶猪　2015FXM1∶29

东汉
奉节谢家包墓群出土
长 27.8、高 12.6 厘米

泥质灰陶。空心，腹腔敞开，头部及背部可见范痕。体型较肥壮，头部前伸，拱嘴，双耳下耷，尾巴下垂。眼部及鼻部似有红色颜料痕迹。

铜钫　2014CKHM9∶18

东汉
开州花石盘墓群出土
口径 12、底径 14.8、高 34.4 厘米

　　敞口，方唇，短颈，溜肩，腹部斜收，平底，高圈足，足底有加厚。腹部中间有一对铺首衔环耳。

铜鼎　2014CYDM6∶19

东汉
云阳大囫子墓群出土
口径 4.8、腹径 9.1、高 6.6 厘米

　　直口，圆唇，顶盖缺失。器身呈椭球形但腹为平底，腹下为矮三蹄足。肩部由一圈箍带拼连，两侧置对称环形竖耳衔环，一侧铜环缺失。箍带上下部均雕刻神兽图案，见有龙、凤鸟、狻猊等，部分因腐蚀严重而模糊不清。下腹部饰一周回形几何纹。

汉至六朝时期　213

铜簋 2014CKHM9：48

东汉
开州花石盘墓群出土
口径 11.4、底径 6.8、高 7.1 厘米

敞口，圆唇，弧腹，平底内凹，高圈足较外撇。口部饰一周凹弦纹，腹部中间饰两周凹弦纹，内底饰四周圆圈纹。

铜釜 2014CKHM9∶27

东汉
开州花石盘墓群出土
口径 18.8、腹径 18.5、高 17.8 厘米

敞口，圆唇，粗短颈，折肩，弧腹，圜底，颈部有一对环形耳。腹部饰两周凸弦纹。

铜洗　2014CKHM9∶38

东汉
开州花石盘墓群出土
口径 23.6、底径 13.4、高 10.7 厘米

侈口，方唇，折沿，矮领，腹部斜收，平底，矮圈足。上腹部有一周凹弦纹和两周凸弦纹，腹部中间有一对铺首衔环耳。

铜盆　2018ZYXM1：16

东汉
忠县溪口墓群出土
口径 35.8、底径 19.8、高 14.5 厘米

敞口，折沿，斜直腹，大平底。

鎏金铜钏　2013FSMM11∶10

东汉
丰都马鞍山墓群出土
直径23.2、肉宽1.2、厚0.4厘米

鎏金，部分脱落。平面呈圆形，较薄。

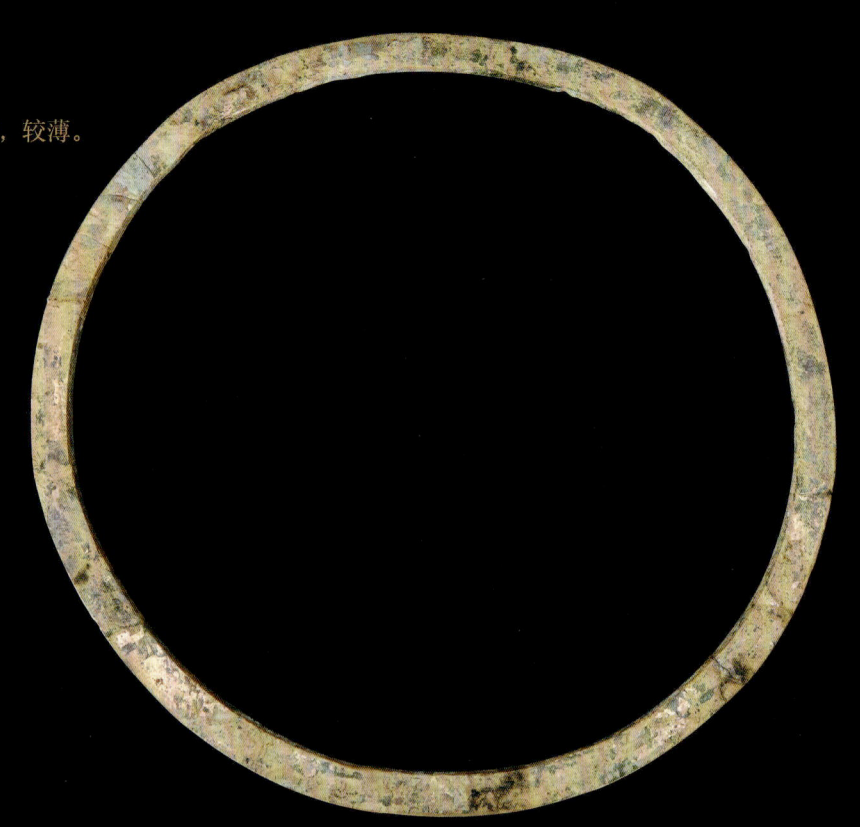

鎏金铜饰件　2013FSMM18∶28

东汉
丰都马鞍山墓群出土
口径2、腹径3.8、高5.6厘米

鎏金，部分脱落。灯笼形，中空，壁较薄。

鎏金铜璧形棺饰　2013FSMM18：30

东汉
丰都马鞍山墓群出土
直径18、肉宽6.2、厚0.02厘米

鎏金，部分脱落。圆形，较薄，上有折痕。

鎏金铜棺饰组合
2012WLM4∶4、5

东汉
巫山头山墓群出土
2012WLM4∶4，直径22.5厘米；2012WLM4∶5，长32.7厘米

2012WLM4∶4，中有圆形小孔。牌上纹饰以双阙和天门为主题，西王母端坐于双阙之间的天门之下，左右为凤、九尾狐，上有三足乌图案。

2012WLM4∶5，整体呈龙形，上有小圆环可以固定在棺木上，两端各有一个龙首，作怒目张口状。

汉至六朝时期 221

鎏金铜璧形棺饰　2012FHLM2∶56

东汉
丰都汇南墓群林口墓地出土
直径 25.4、厚 0.2 厘米

圆形薄片，表面鎏金，局部残缺，中心穿一钉孔。表面用细线刻划图案，图案间再镶银，勾勒出一定的纹样，与刻划图案构成不同层次的画面效果。铜牌外缘，刻划出不足 1 厘米宽的圆形边框。全器以双阙为中心布局多种图案。左右阙形制相同，由柱形重檐式阙身和尖锥状阙顶构成，上层阙体上宽下窄，下层阙体下宽上窄。阙顶为庑殿式，檐和屋脊两端饰卷云纹，屋面斜刻"人"字形细线瓦垄。一层檐额板外表錾刻重菱纹，其下为廊檐拱架结构。两阙间以"人"字桥相连，桥下有一"天"字，桥上刻一凤鸟。鸟圆目，喙、冠残缺，直颈前伸，振翅欲飞，双肢微曲前伸，尾部残缺。双阙外图案残缺不全，左侧似为虎，右侧为龙。两阙下部中间錾刻一人，踞坐，头顶部残缺，细眉，瞠目，穿广袖宽大裙服，双手拱于胸前，两侧分布对称羽形纹向外延展，人下似为卷云形山。

汉至六朝时期 223

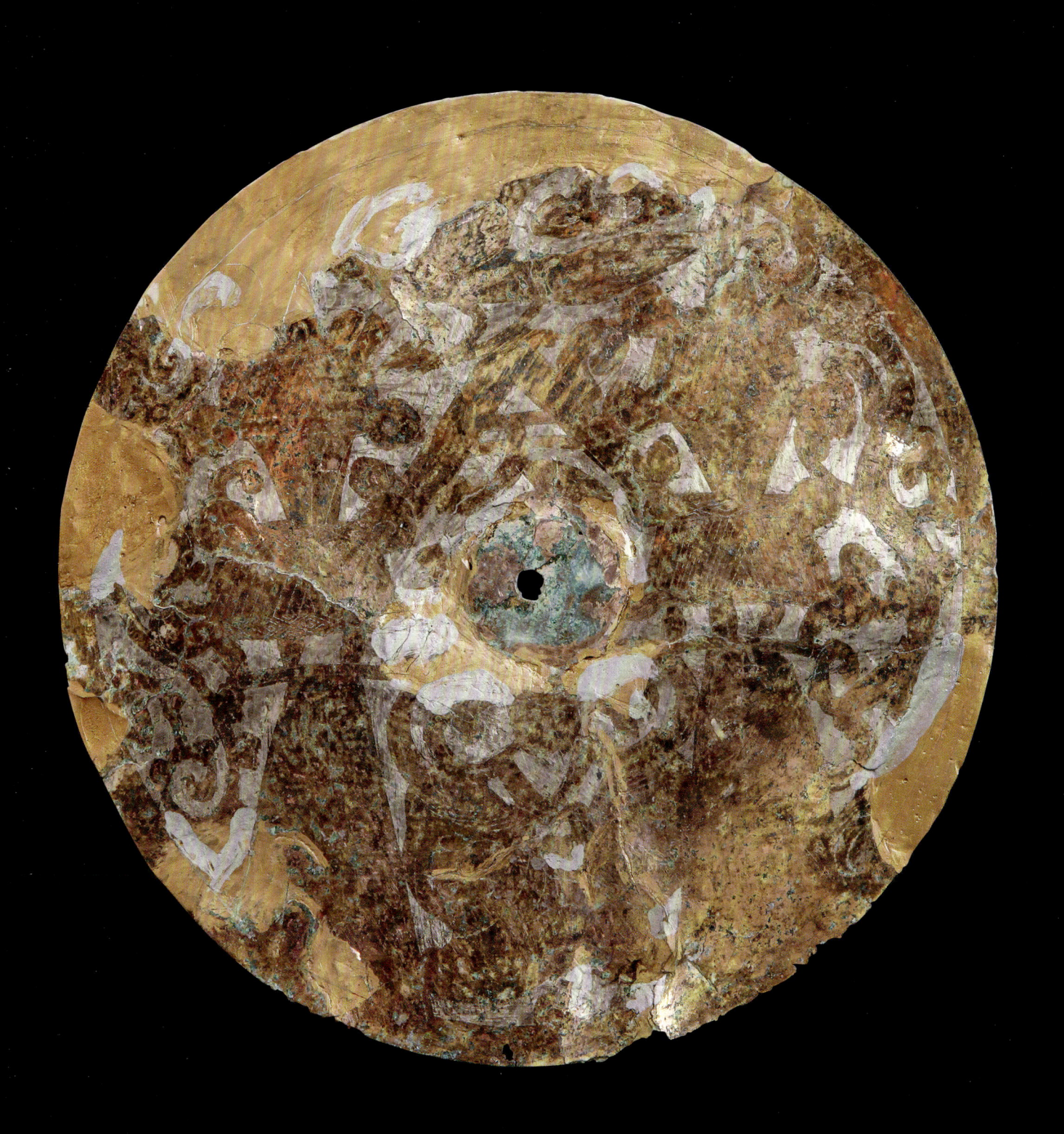

鎏金铜泡钉　2012YBYM1∶13

东汉
云阳营盘包墓群出土
直径 4.2 厘米

　　伞状，内中有一锥形钉。

鎏金铜带钩　2012FMSM3∶23

东汉
丰都上河嘴墓群出土
长 12.2 厘米

　　鎏金。曲棒形，兽头状钩首，圆饼状纽。

铜鸟　2013FSMM11∶3

东汉
丰都马鞍山墓群出土
长 11、宽 3.7、高 8.6 厘米

　　昂首衔鱼，双目圆睁，高冠直立，双翼微凸，鸟尾修长。

铜印章　2015FNGM2-1∶02

东汉
涪陵古坟坝墓群出土
边长 2.4、台高 1.2、纽高 1.1、通高 2.3 厘米，重 72 克

　　印面方形，阴文篆刻"军假侯印"，无边框，上有鼻纽。

铁釜　2018ZYXM1∶15

东汉
忠县溪口墓群出土
口径 30.8、腹径 42、底径 11.8、高 35.2 厘米

直口，高领，圆肩，鼓腹，下腹斜收，小平底。肩腹相交处对称有一对环形耳錾。腹部饰两周凸弦纹。器身中部可见明显的合范线。

铁矛 2012FMCM2∶5

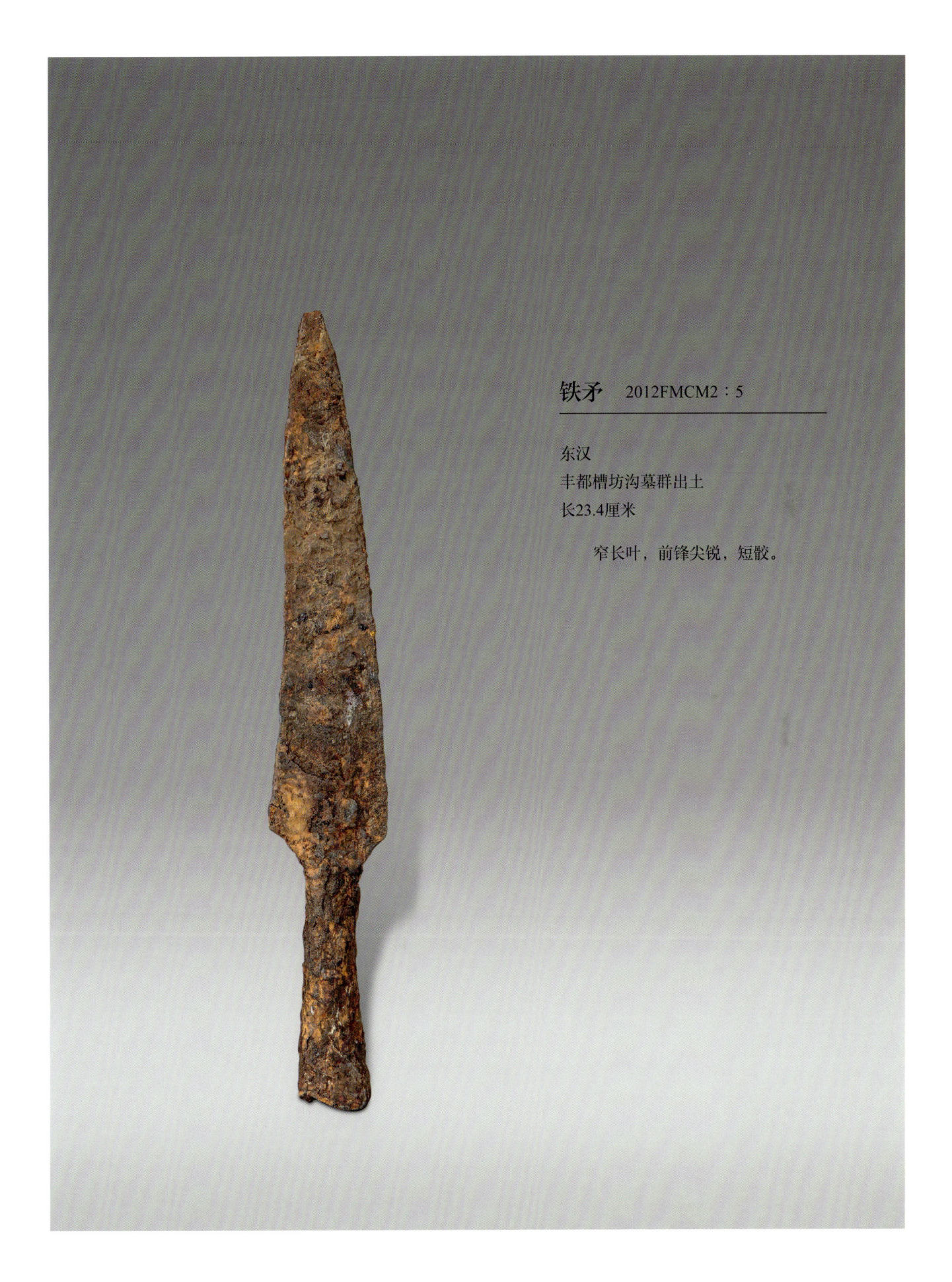

东汉
丰都槽坊沟墓群出土
长23.4厘米

窄长叶，前锋尖锐，短骹。

铁环首刀　2015FZM13：10

东汉
奉节赵家湾墓群出土
长 41.5、最宽处 2.5、环首宽 5.8、刀背厚 0.2～1.1 厘米

环首，刀身横截面呈三角形，且自环首处向刀尖逐渐变薄。

铁短刀　2013FSMM2：5

东汉
丰都马鞍山墓群出土
长 35.7、宽 7、厚 0.6～2 厘米

熟铁锤锻而成。锈蚀严重。由刀把、刀身两部分组成。刀把呈长方形，中空，刀身呈长方形，单面刃。

铁锛　2014WXSM2∶11

东汉
万州上河坝墓群出土
长17、宽6~9.6、厚2.6厘米

锈蚀严重。长方形銎，弧形刃。

铁锸　2013FSMM18∶26

东汉
丰都马鞍山墓群出土
长 12、宽 7～8.4 厘米

　　熟铁锤锻而成。锈蚀严重。平面呈长方形，顶部中空，下部为双面刃，较直。

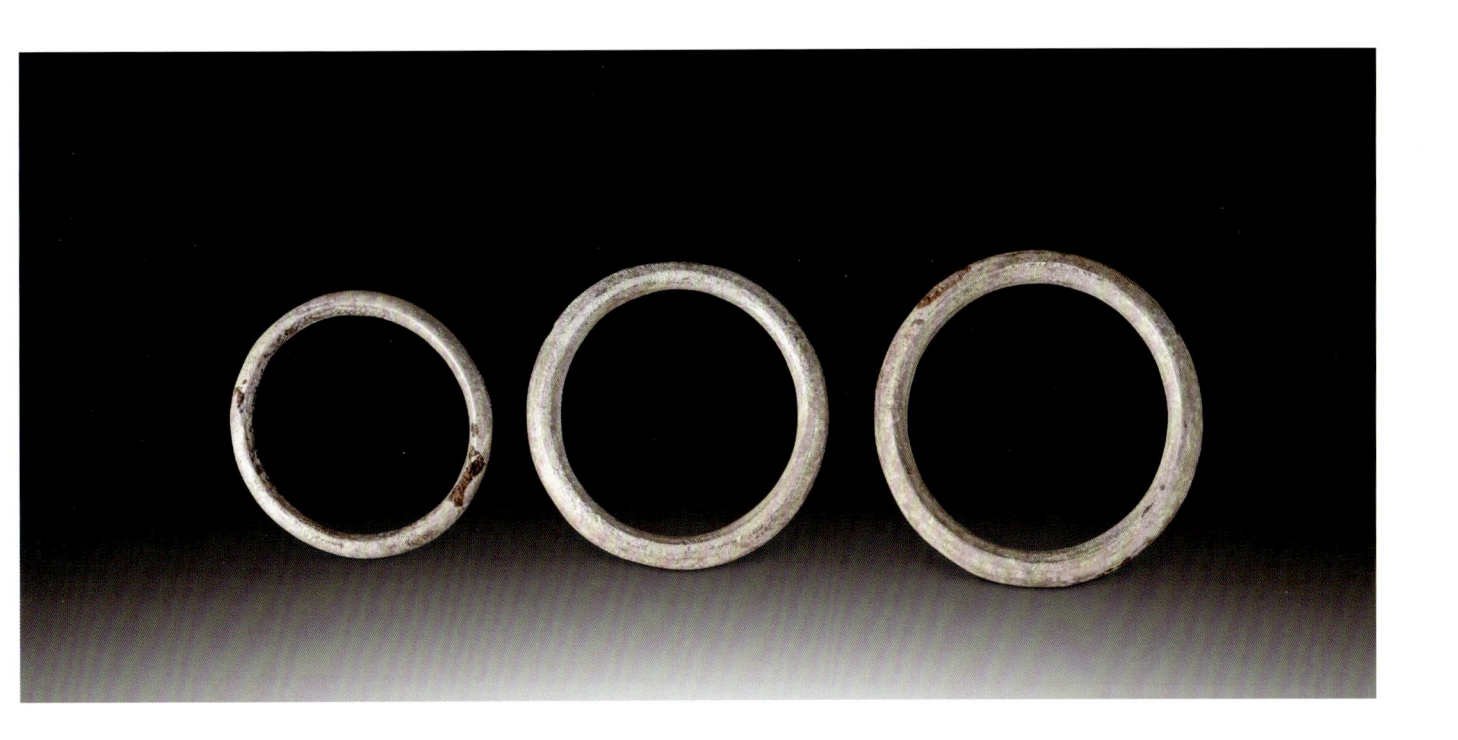

银指环

2014CYDM6：24、25、26

东汉
云阳大函子墓群出土
直径分别为 2、2.2、2.4 厘米

圆形，截面近圆。

碳晶饰件　2014FNMM4：2、3

东汉
涪陵麦子坝墓群出土
直径1.7、孔0.4厘米；长8.3、宽0.4、厚0.3厘米

碳晶，通体黑色，一为球状，中有一穿；另一为长条形。

五色串珠 2014FMXM4：5

东汉
丰都溪嘴墓群出土
直径0.3~1.2厘米

圆形，中有穿孔。由黄、黑、红、白、绿等五色珠组成。

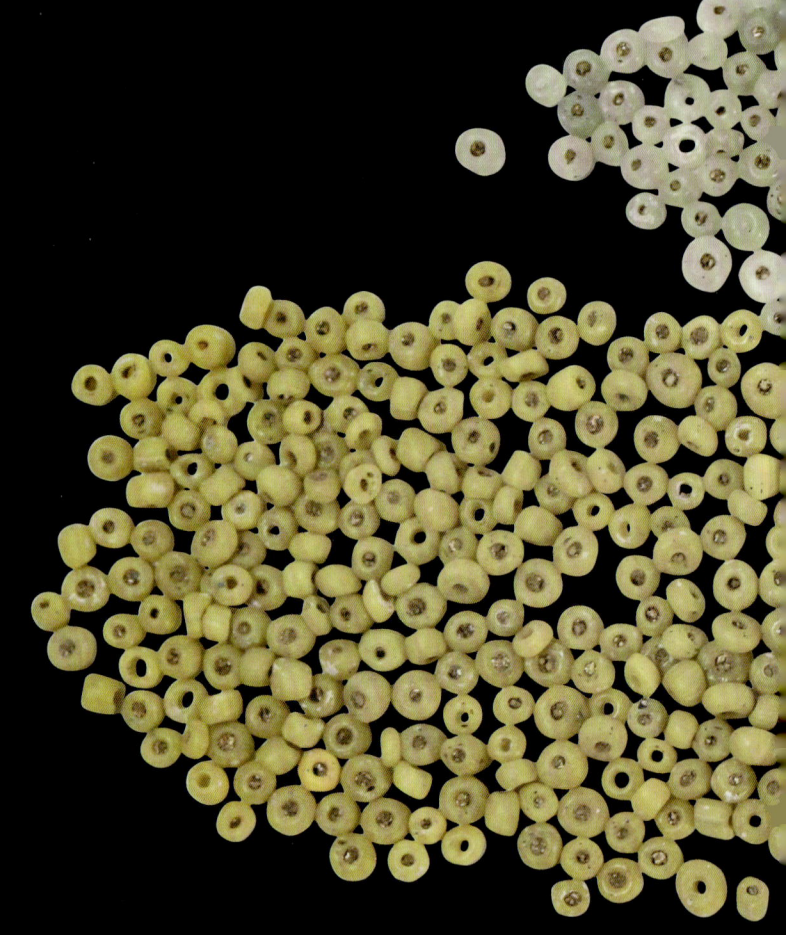

汉至六朝时期 233

串饰 2013FSMM18∶27

东汉
丰都马鞍山墓群出土
串残长10厘米，铃铛直径0.7厘米，珠直径0.5~0.8、厚0.5~0.7厘米

由琉璃串珠和铜铃铛组成。串珠多呈扁圆及圆柱形，中空，中间用铜铃铛相隔。

琉璃耳珰　2018ZYPM17：46

东汉
忠县坪上遗址出土
长1.5、直径1.1～1.3厘米

　　琉璃，深蓝色透明质。亚腰形，一端略大，另一端略小，中有穿相通。

琉璃耳珰　2014FNM6：10

东汉
涪陵麦子坝墓群出土

　　琉璃，蓝色透明质。亚腰形，中有穿。

硬陶瓮　2017ZLM6：27

六朝
忠县龙洞墓群出土
口径 11.3、腹径 20.7、底径 11.3、高 22.3 厘米

　　灰胎，火候较高，沿内外及肩部施黄绿釉。敛口，沿略凹，束颈，溜肩，深弧腹，平底。颈部以下腹部以上通体饰细方格纹。

瓷虎子　2015FZM12∶9

六朝
奉节赵家湾墓群出土
长25.5、高18.5厘米

遍施青釉，器口内部亦施釉，仅在器身尾部露出红胎。器身大致呈葫芦状，虎形趴卧，张口，瞪目，立耳，毛发毕现，前端刻有圆形麻布纹，雕刻精细。提梁形似龙身，后有一弯曲的细尾，四足现利爪，分四趾。

瓷盘口壶　2013FSMM12∶22

六朝
丰都马鞍山墓群出土
口径 8.6、腹径 15、底径 9.6、高 22.6 厘米

　　灰白胎，器表施褐釉不及底，细开片，有流釉、窑变现象。浅盘口，尖圆唇，束颈，圆肩，鼓腹，下腹近底部外撇，平底，底部微凹。颈部饰有三周凸弦纹，肩部饰有一周凸弦纹，弦纹下有对称六系，其中四系为横向桥型，两系为竖向贯型。外壁有粘连痕迹和轮制痕迹。

瓷盘口壶　2015WLM9：1

六朝

巫山老屋场墓群出土

口径 12.6、腹径 15、底径 9、高 25.2 厘米

青釉瓷，施釉不及底。圆唇，盘口，长束颈，溜肩，鼓腹，平底略内凹。肩部有四个相对称的桥形耳，腹部有七周凹弦纹。

瓷盘口壶　2012FMCM1∶2

六朝
丰都槽坊沟墓群出土
口径14.0、底径15.0、高26.0厘米

灰白胎，外壁施青釉，器腹下部未施釉。盘口，束颈，圆肩，斜弧腹，平底。肩部饰四个桥形耳。

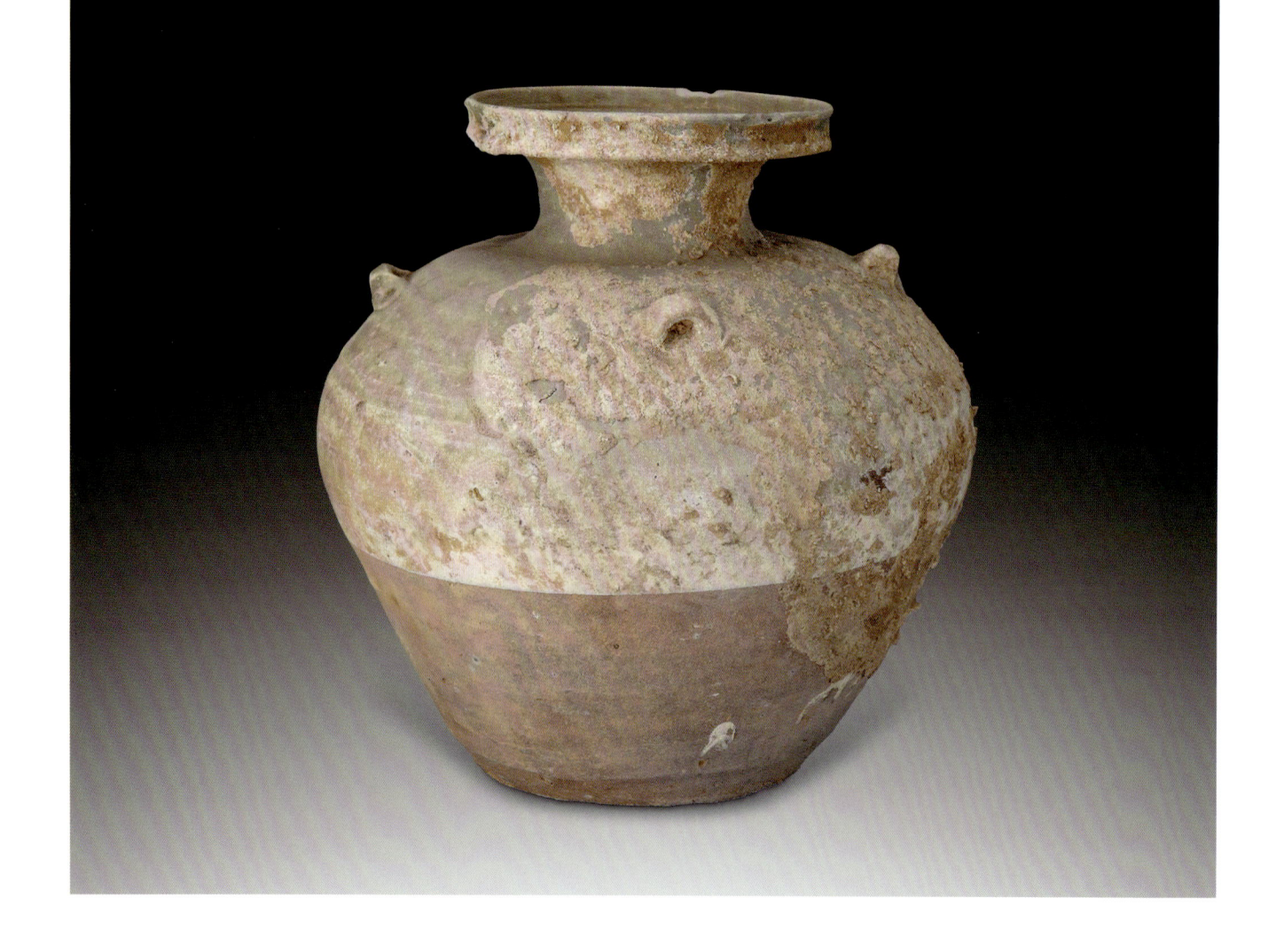

瓷鸡首壶　2015WLM3∶3

六朝
巫山老屋场墓群出土
口径9.2、腹径18、底径12、高18厘米

　　青釉瓷，全身大部施青釉，釉面光滑饱满，近底部裸胎。盘口，圆唇，短束颈，广肩，鼓腹，平底。肩部有两个对称的桥形耳，流为鸡首，长条状弧形把手。内腹有轮制痕迹。

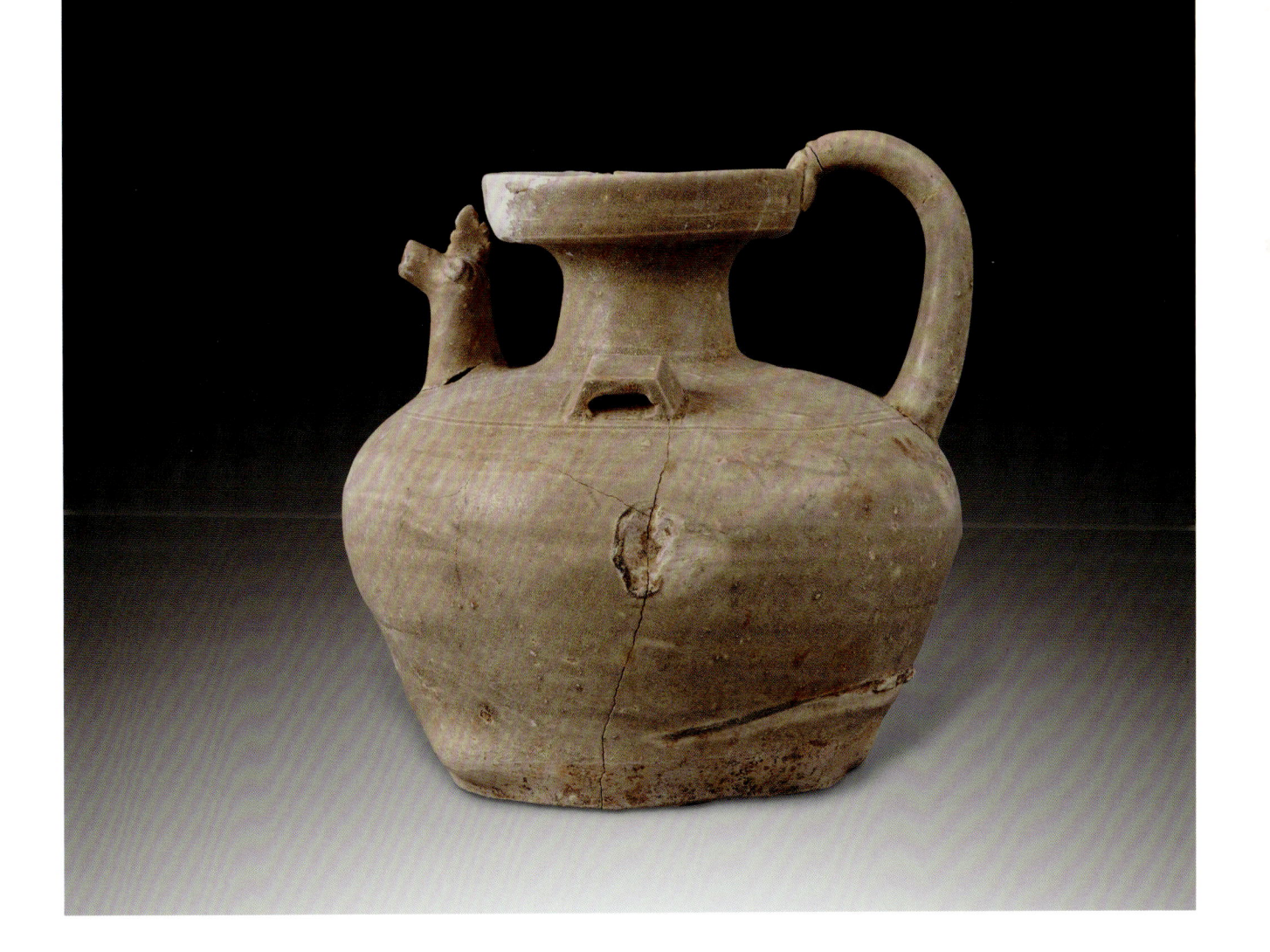

瓷唾壶　2014WXWM1∶1

六朝
万州万顺墓群出土
口径 8.3、底径 7.9、高 9.6 厘米

灰白胎，胎质较细腻坚硬，局部胎芯发红，胎表有两处小孔隙，施青灰釉，外釉不及底，内釉至颈部，釉色较浅，有细小冰裂纹。口残，可复原。浅盘形口，略外侈，尖圆唇，矮颈，宽平肩，下腹斜收，饼足略内凹。素面，腹与足交接处刻划一周弦纹。底部露胎处涂抹泥浆，腹部有粘结痕迹。

瓷砚　2015WLM9∶6

六朝
巫山老屋场墓群出土
口径 11.4、底径 10.7、高 1.9 厘米

青釉瓷，青色釉面。平面呈圆形，圆唇，敞口，直腹壁，平底内凹。

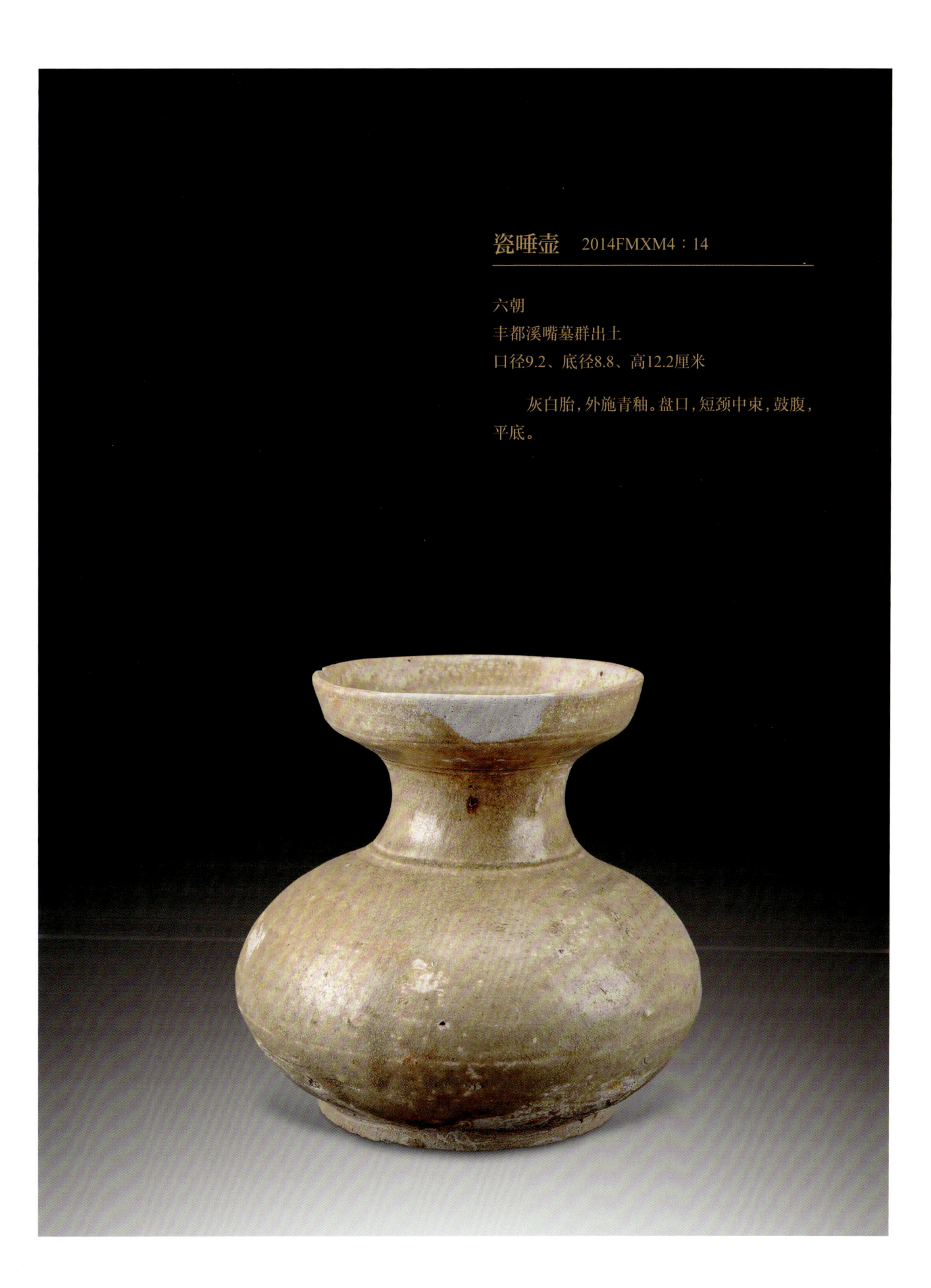

瓷唾壶　2014FMXM4∶14

六朝
丰都溪嘴墓群出土
口径9.2、底径8.8、高12.2厘米

　　灰白胎，外施青釉。盘口，短颈中束，鼓腹，平底。

瓷四系罐　2012FFMCM1∶4

六朝
丰都槽坊沟墓群出土
口径 12、底径 11、高 18.4 厘米

红褐色胎，器腹上部施青釉。圆唇，敛口，鼓腹，平底。肩部有四个桥形耳。

瓷双系罐　2014FNJM3：2

六朝
涪陵焦岩遗址出土
口径10、底径12、高13厘米

灰白胎，内外壁施酱黄釉。敛口，尖圆唇，溜肩，鼓腹，平底。肩上部饰一周凹弦纹和一对对称的横桥形系，系为手制黏接，釉下遍饰布纹，不及底。

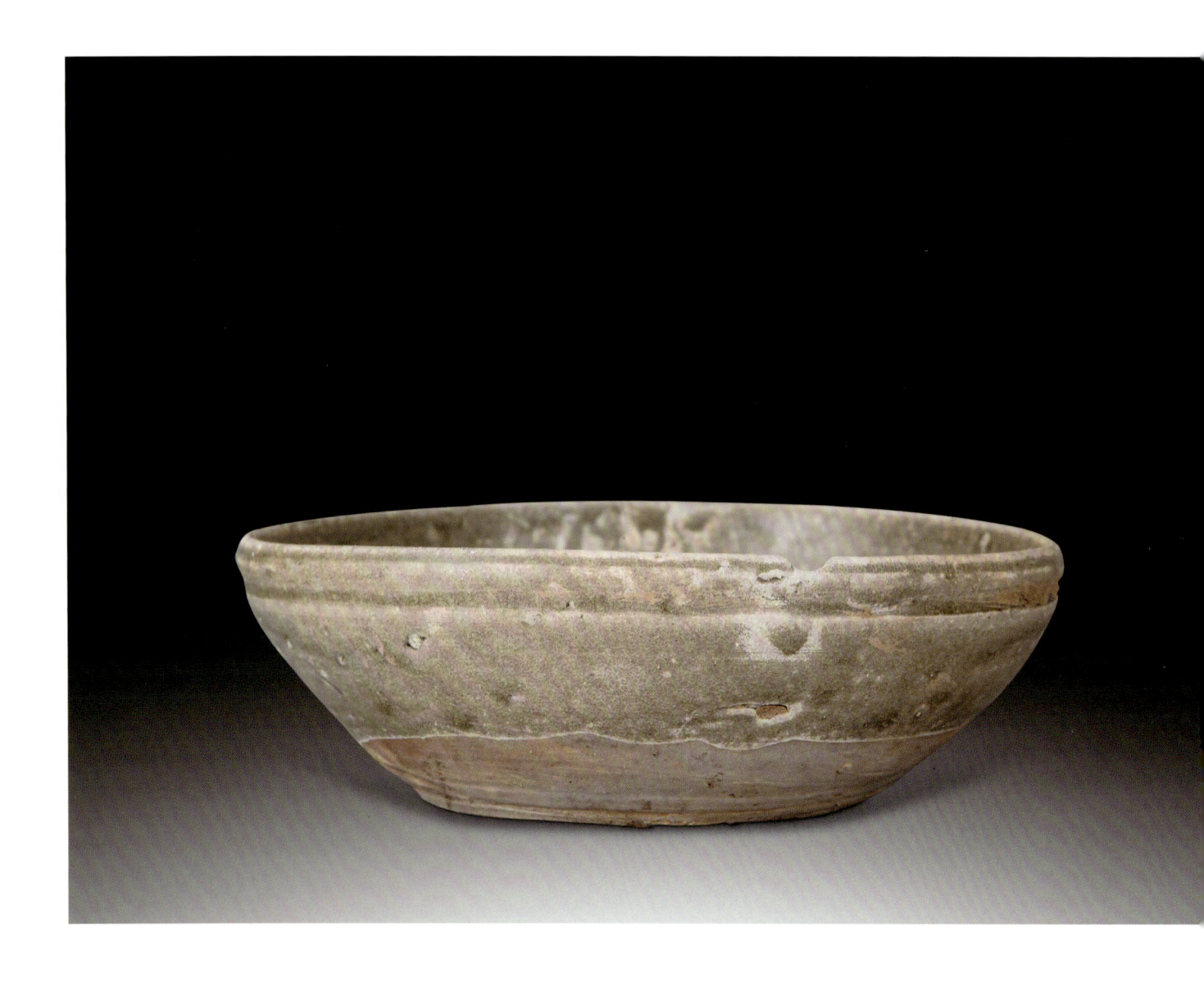

瓷钵　2011FMCM1∶6

六朝
丰都槽坊沟墓群出土
口径18.8、底径10.8、高6厘米

灰白胎，内外壁均施青釉，外壁釉不及底。敞口，尖圆唇，弧腹，平底。口沿下饰一周凹弦纹。

瓷碗　2013FSMM12:2

六朝
丰都马鞍山墓群出土
口径 15.4、底径 9.2、高 7 厘米

　　灰白胎，内满釉，外施釉不及底，细开片，有流釉。敞口，尖圆唇，斜弧腹，饼足，底部微凹。内壁与底部相接处有一周凹弦纹。内壁有两个近圆形紫黑色痕迹，内底有 17 个支钉痕，足部有刮削痕，内外壁均有轮制痕迹。

瓷碗　2014FMXM4：7

六朝
丰都溪嘴墓群出土
口径 18.2、底径 11.6、高 6.4 厘米

　　灰白胎，外施青釉。敞口，斜腹，饼足，平底。

陶仓　2013WWLM1Ⅰ:36

六朝
巫山柳树村墓地出土
宽 40.6、高 49.5、厚 26.5 厘米

泥质红褐陶。庑殿顶，四面坡，房脊凸出，可见鸱吻等脊饰。长方形箱式房体，正面正中开一方形小窗，窗下为带围栏的露台，下有双柱支撑。

陶塘 2013WWLM1Ⅰ:70

六朝
巫山柳树村墓地出土
口径40.7、底径33、高10.8厘米

泥质灰陶。圆形塘体，敞口，方唇，板沿，斜弧腹，平底。塘内等分为两部分，一半为田垄，另一半贴塑食槽、龟、蛇、鱼、贝、田螺等。

陶塘　2013WWLM1Ⅱ:8

六朝
巫山柳树村墓地出土
口径 40.5、底径 35、高 7 厘米

泥质红褐陶。圆形塘体，敞口，方唇，板沿，斜弧腹，平底。塘内等分为两部分，一半为田垄，另一半贴塑蛇、鱼、田螺等。

陶执刀俑 2013WWLM1Ⅰ：1

六朝
巫山柳树村墓地出土
宽 21.4、高 82、厚 22.3 厘米

　　泥质红褐陶，头、身分做后黏合，身体中空。站立，形态抽象，头戴胄，顶部有柱凸起，眉弓粗大，眼部突出，宽鼻，噘嘴，双手执环首长刀，立于身前，头、身背后各有一孔。

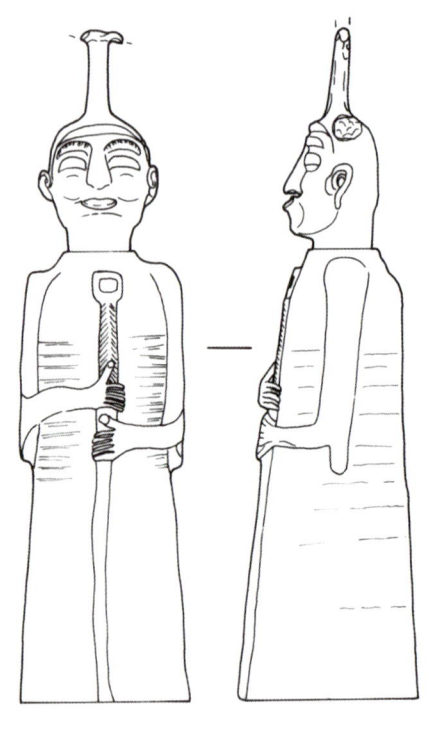

陶执刀俑　2013WWLM1Ⅱ：77

六朝
巫山柳树村墓地出土
宽 24.7、高 73.7、厚 24.4 厘米

　　泥质红褐陶，头、身分做后黏合，身体中空。站立，形态抽象，头戴"山"字形冠，圆形双眼，高鼻，嘴微张，双手执环首长刀，立于身前，下身背后有一孔。

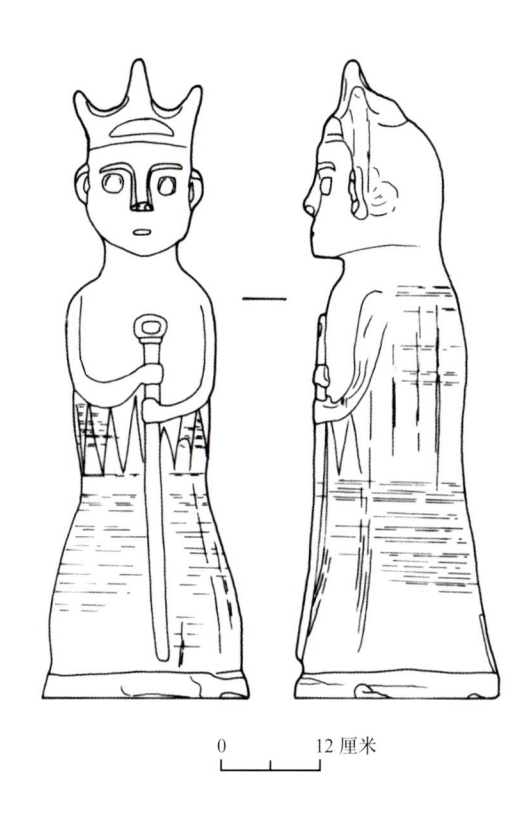

0　　12 厘米

陶执仗俑　2013WWLM1Ⅰ：17

六朝
巫山柳树村墓地出土
宽 9、高 21.9、厚 8.1 厘米

泥质红褐陶，捏塑。站立，形态抽象，头戴尖帽，双手执仗靠于身前。

陶奏乐俑 2013WWLM1Ⅱ：37

六朝
巫山柳树村墓地出土
宽 13.6、高 16.4、厚 7 厘米

　　泥质灰陶。两俑共用底座，并排站立，形态抽象。头戴尖帽，高鼻。左俑执箫吹奏，右俑抱乐器弹奏。

陶骑马俑　2013WWLM1Ⅰ：62

六朝
巫山柳树村墓地出土
长 22.2、宽 11.6、高 23.4 厘米

　　泥质灰陶。风格抽象。人俑头戴平巾帻，眼部凸起，高鼻，双腿低垂。马俑嘴微张，曲颈，四肢站立。

陶骑马俑　2013WWLM1Ⅰ：64

六朝
巫山柳树村墓地出土
长21、宽11、高27.8厘米

泥质灰陶。风格抽象。人俑头戴毡帽，帽檐遮目，高鼻，双腿低垂。马俑嘴微张，尖耳，曲颈，垂尾，四肢站立，马背可见马鞍。

釉陶狗　2010FJJM2：18

六朝
涪陵江北墓群太极亭墓地出土
长 43.2、高 37.8 厘米

通体施墨绿釉，部分剥落。鼓眼瞪视前方，尖耳竖立，后腿蹲地状，尾部卷曲上翘。颈部及前腹均系宽带。

铜釜　2012FMCM1∶3

六朝
丰都槽坊沟墓群出土
口径 25、高 22 厘米

　　高领，束颈，鼓腹，圜底。颈部饰两个环状耳。

铜弩机　2015FZM12∶10

六朝
奉节赵家湾墓群出土
长 13.2、宽 3.2、高 9.5 厘米

　　由机身、悬刀、键、钩心、牙等部分组成，悬刀缺失。

铜柿蒂形饰件　2012FFMCM1∶9

六朝
丰都槽坊沟墓群出土
长9厘米

　　桃形四叶，对称布局，器身正中及四叶正中各一圆孔。

铜环　2013FSMM12∶27-1、27-2

六朝
丰都马鞍山墓群出土
2013FSMM12∶27-1，直径6.8、肉宽0.4、厚0.5厘米；
2013FSMM12∶27-2，直径6.6、肉宽0.3、厚0.3厘米

　　平面呈圆形，边缘饰有花边形凹槽。

金镯　2015FZEM9：2

六朝
丰都二仙堡墓群出土
直径6.2、股径0.2厘米

金质圆环状，一对，形制相同，一只较粗，一只较细。

金饰件　2015WLM7：12

六朝
巫山老屋场墓群
高1.8厘米

主体近柱状，中空，两端呈喇叭口，中部鼓起，中部两侧附有双耳状凸起。

金桃形饰件　2015WLM7：1

六朝
巫山老屋场墓群出土
长1.3、宽1.3、厚0.1厘米

桃形金片，共18片，金片顶端有一穿孔，大小不一。

琉璃串珠　　2014FNMM8∶9

六朝
涪陵麦子坝墓群出土
直径0.3～0.6、高0.3～0.7、穿0.1～0.2厘米

　　琉璃，大小不一，颗粒较细，均有穿。蓝色、黄色为圆形，红色、绿色为圆柱形，黑色大部分为圆形、零星的为圆柱形。

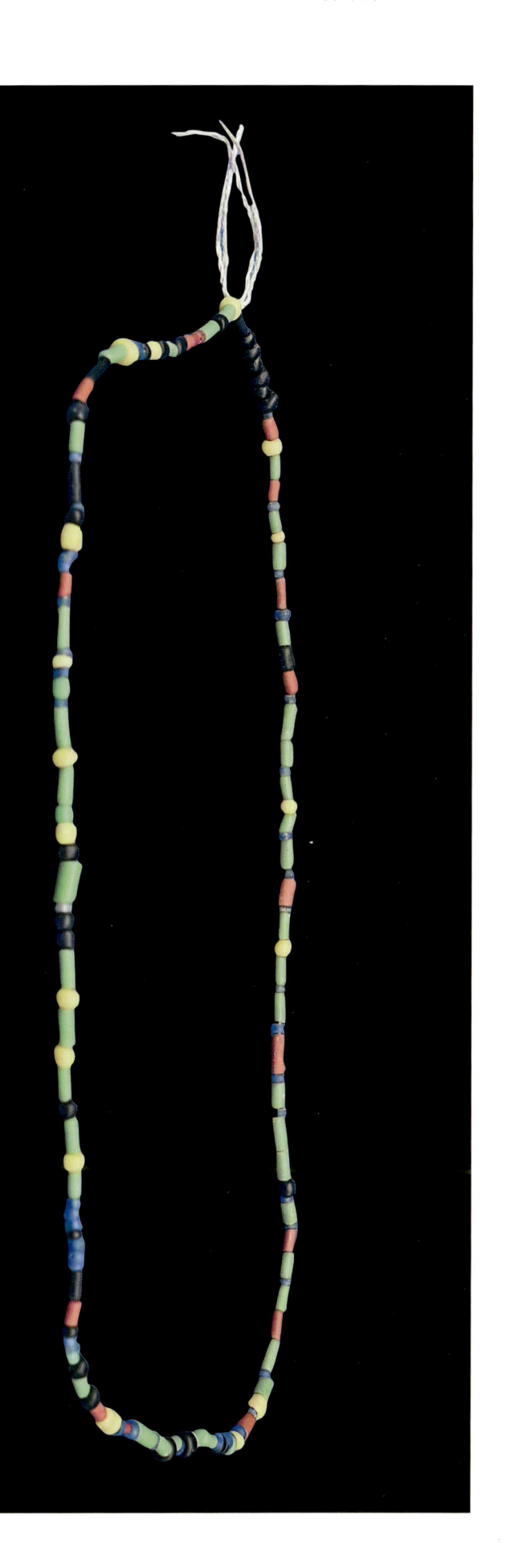

绿松石料珠 2015FZEM4∶27

六朝
丰都二仙堡墓群出土
直径0.3厘米

石质。绿色,圆柱状,中间有一圆孔。

玛瑙珠 2015WLM7∶10

六朝
巫山老屋场墓群出土
高1.7、腹径1.1厘米

黑褐色玛瑙。外表光滑,中空,两端较细,中间鼓起。

石猪形饰　　2015WLM5∶2

六朝
巫山老屋场墓群出土
长 7.6、宽 1.7、高 2.3 厘米

　　灰白色滑石。石猪通体光滑，卧状，呈长条形。

石猪形饰　　2015WLM7∶14

六朝
巫山老屋场墓群出土
长 4.3、厚 1.3、高 1.6 厘米

　　乳白色滑石。石猪通体光滑，站立状，腹部有一横向穿孔。

隋唐至清时期

在隋唐时期的大一统国家体制下,重庆库区社会经济得到了很大的发展,尤其是在"安史之乱"后,北方陷入战乱状态,唐王朝的经济中心南移,大量移民涌入长江流域,促进了这一地区的开发。社会经济的发展,为重庆库区留下了大量的古代遗存。这一时期墓葬发现较少,规模较大者有奉节上关遗址、奉节宝塔坪墓地等。城址、集镇等遗存相对较多,多数古城址属于这一时期县城遗址。手工业遗存是峡江地区的特色,特别是明代炼锌遗址群对于中国乃至世界冶金技术史研究都有着深远影响。

在三峡后续考古工作中,隋唐时期遗存主要为墓葬,云阳大囪子墓群清理出一座"凸"字形砖室墓,以卷草纹和花卉纹砖砌筑,墓底铺一层卵石,并出土有一件瓷四系罐,是重庆境内考古发现为数不多的隋代墓葬;丰都县赤溪遗址 M5 出土了一套较为完整的铜带具,由带扣、带銙、铊尾组成;巫山县老屋场墓群 M8 出土了一具房形陶棺,可能与祆教有着密切的联系。宋代遗存以奉节白帝城和涪陵龟陵城两处宋蒙山城遗址为代表,在 2017 年对前者的工作中出土了 16 件铁雷,形态特征与文献所载"震天雷"类铁火炮相似,应为目前我国考古所见最早的火器实物;同时期的兵器、建筑构件和碗、盘、盏等生活用器也有丰富的发现。明代墓葬在云阳境内有集中的发现,出土的大量谷仓罐等极具代表性;明代炼锌考古在三峡后续考古工作中取得了重要突破,在忠县临江二队遗址中发现了迄今为止最完整的冶炼炉及与之相关的作坊、煤坑、器物坑等遗存,对复原这一时期的炼锌工艺流程具有重要的参考价值。近十年来,重庆盐业考古的工作重心转向了晚期盐业遗存。巫溪宁厂古镇是著名的"因盐而兴"的集镇,其盐业生产最早可追溯至汉代。2018 年对该遗址开展的大规模考古工作中发现与制盐相关的各类遗存 45 处,基本厘清了该地区自明清以来围绕盐业的生产、运输与管理体系。

瓷多系罐　2015CYDM4∶1

隋唐
云阳大囟子墓群出土
口径 13.9、腹径 20.2、底径 9、高 19.7 厘米

　　釉色青绿，釉面开细冰裂纹。直口，方唇，丰肩，鼓腹，平底。肩部有三组六个桥形系，肩和颈刻划莲瓣纹。

瓷执壶　2015WLDM8：1

唐
巫山大坟园墓地出土
口径 9.8、底径 7.8、高 18.8 厘米

青釉。侈口，长颈，鼓腹较深，腹下部斜收，八棱形短流，弓形鋬，平底。肩两侧贴有两雄狮组成的环形双系，双组及流下饰有对鸟椰枣纹贴花。

270　重庆三峡后续工作考古出土文物图集

瓷四系罐 2014FCM8：1

唐
丰都赤溪遗址出土
口径 12、底径 12.8、高 22 厘米

红褐色胎，胎质坚硬，火候较高，外沿及肩部施绿釉，内沿多露胎，部分施绿釉。重沿，外沿为尖圆唇，斜弧外敞，内沿为圆唇，斜直内敛且高于外沿，鼓腹，平底。肩部有四个横置的桥形系。

瓷四系罐　　2014FCM3:1

唐
丰都赤溪遗址出土
底径 7.2、残高 22.6 厘米

红褐色胎，胎质坚硬，火候较高，器外壁上部施黄釉，有流釉现象。口部已残。细颈，溜肩，斜弧腹，底微内凹。肩部有四个横置桥形系。

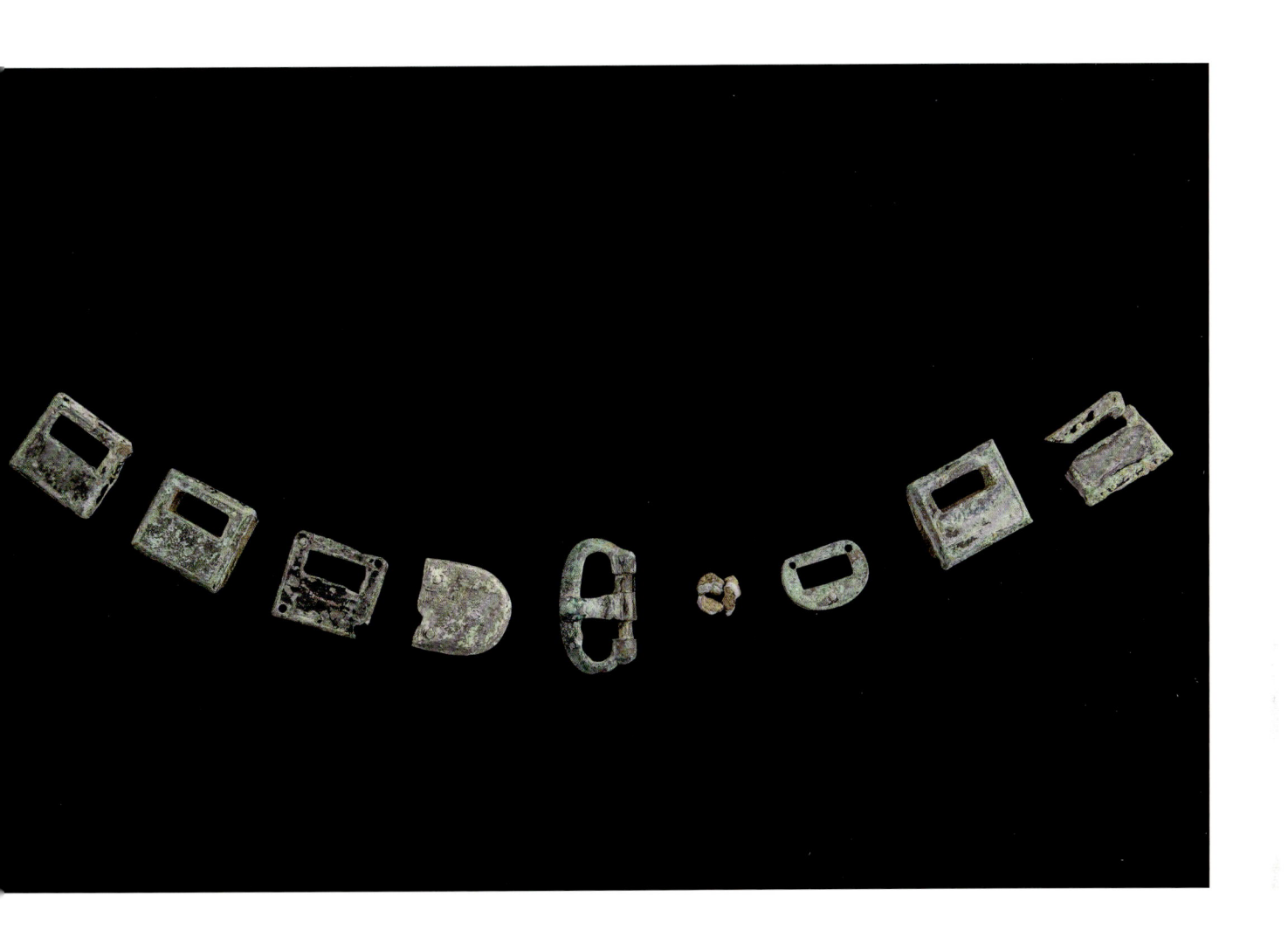

铜带具 2014FCM5∶1

唐
丰都赤溪遗址出土
带扣长 3.2、宽 1.8 厘米；
带铐长 2.1～2.4、宽 1.5～2.1 厘米；
铊尾长 2.6、宽 2.2 厘米

　　由带扣、带铐、铊尾、纽钉组成。带扣为椭圆形扣环，环后部装有活动的竖轴，扣舌固定于轴上。带铐共六件，有长方形和半圆形两种，长方形的一侧开有长条形透孔，由两片合成，以四钉连接正、背片；半圆形的一侧开有长条形透孔，由两片合成，但仅残存一片，一侧有两个插钉的小圆孔，另一侧有一钉。铊尾呈舌形，由两片合成，以四钉连接正、背片。

瓷器盖 2013FGSY1∶9

北宋
丰都石板溪窑址出土
盖径 7.4、高 2.7 厘米

灰胎，素烧。圆饼状纽，盖纽略凹，盖壁斜直。

瓷器盖 2016KZYT0832⑧∶8

宋
开州姚家坝遗址出土
盖径 20.5、高 11.3 厘米

姜黄釉。圆形捉手，捉手上有圆形突起，盖身呈覆斗形。器身中部饰绿釉草叶纹，口部施一周黑釉。

瓷双耳罐　2017FBZCM2①：3

宋
奉节白帝城遗址出土
口径 5.6、腹径 7.6、足径 4.6、高 10 厘米

青灰胎，黑釉，内满釉，外釉不及底。直口微敛，卷沿圆唇，斜颈，溜肩，弧腹，圈足。肩部有两个耳，一耳残。内壁有轮旋痕。

瓷碗　2018FLGG8∶17

宋
涪陵龟陵城遗址出土
口径 16.8、足径 4.6、高 8 厘米

灰白胎，内、外施青釉，足跟及外底未施釉。敞口，卷沿，圆唇，弧腹，饼足。内、外壁分别刻划草叶纹和莲瓣纹。内底有支钉痕。

瓷碗 2018FLGTS05W14④:14

宋
涪陵龟陵城遗址出土
口径17、足径4.6、高9厘米

灰白胎，乳白釉，口沿内、外及外底未施釉。侈口，方唇，曲腹，矮圈足。腹部饰莲瓣纹。

瓷碗 2015WLM8①：8

宋
巫山老屋场墓群出土
口径 13、足径 4.2、高 3.4 厘米

　　灰白釉瓷，全身施灰白釉，圈足裸胎。敞口，尖唇，上腹微内弧，折腹壁，圈足，外墙斜切，内平底。

瓷碗 2017FBZH1②:93

宋
奉节白帝城遗址出土
口径 14.8、足径 4.6、高 5 厘米

灰白胎，满施白釉。侈口，方唇，曲腹，饼足。腹部饰莲瓣纹。

瓷瓶 2018FLGTS05W14④∶16

宋
涪陵龟陵城遗址出土
口径 3、足径 3.6、高 12 厘米

　　灰白胎，施青釉不及底。口微侈，圆唇，长束颈，鼓腹，圈足。

瓷盂　2016KZYF4∶11

宋元
开州姚家坝遗址出土
口径 9.8、足径 4.6、高 7.7 厘米

青白瓷。侈口，圆唇，卷沿，鼓腹，腹部呈瓜棱状，饼足。上腹部饰一周均匀分布的团状褐彩。

陶棺 2015WLM8①：1

宋
巫山老屋场墓群出土
长 36.2、宽 66.6、高 50 厘米

　　泥质灰陶。棺盖为歇山顶，棺体为长方形，正门为阴刻两扇门，每扇门有 12 枚乳钉，两门用锁连接，门下中间有一莲花座穿孔，前门对面外壁饰有金银花，外侧两壁饰五朵云纹，下端有三朵穿孔莲花纹。器体下端一周有平台。

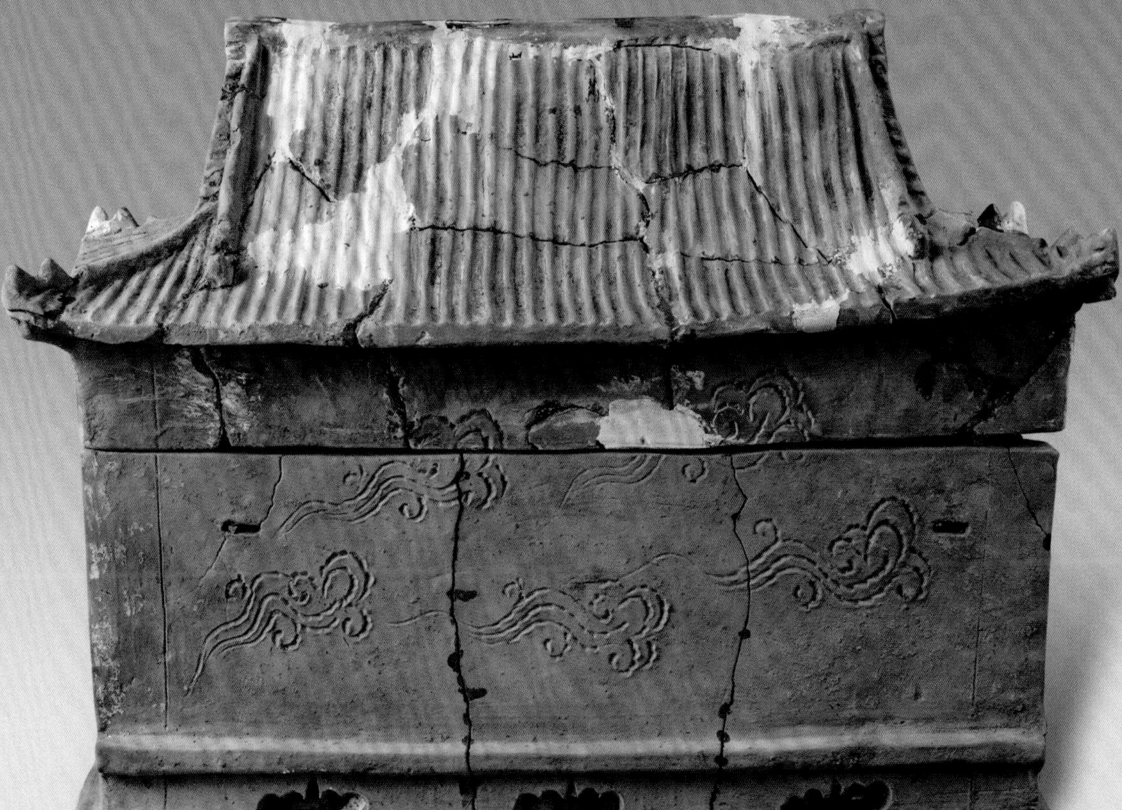

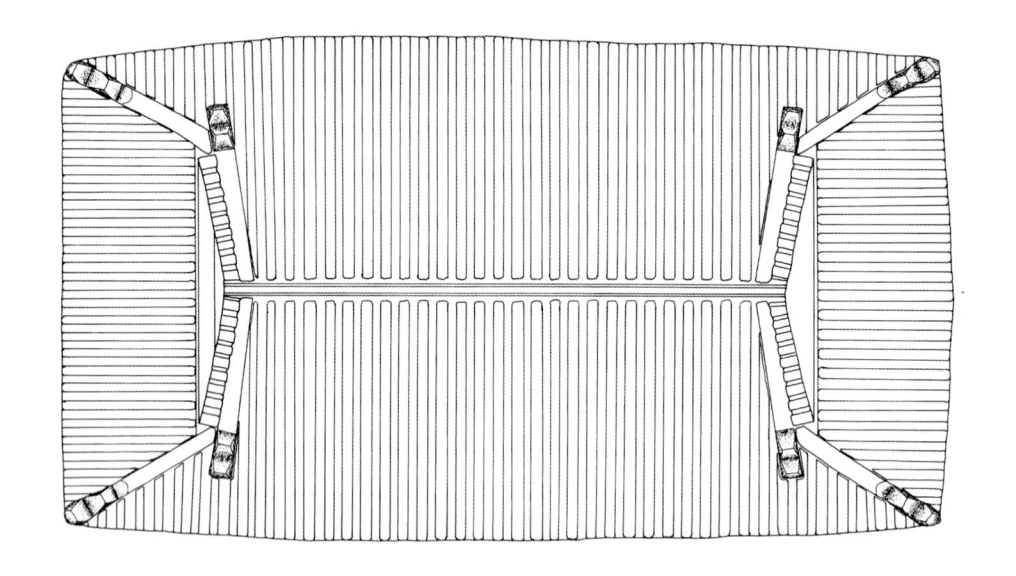

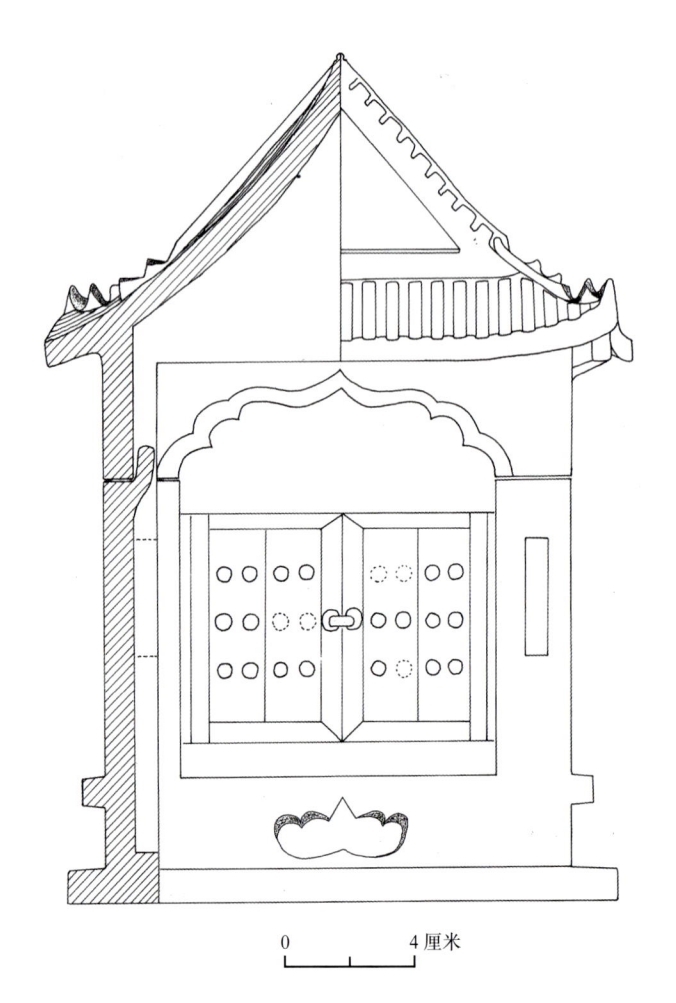

284　重庆三峡后续工作考古出土文物图集

0　　4厘米

隋唐至清时期　285

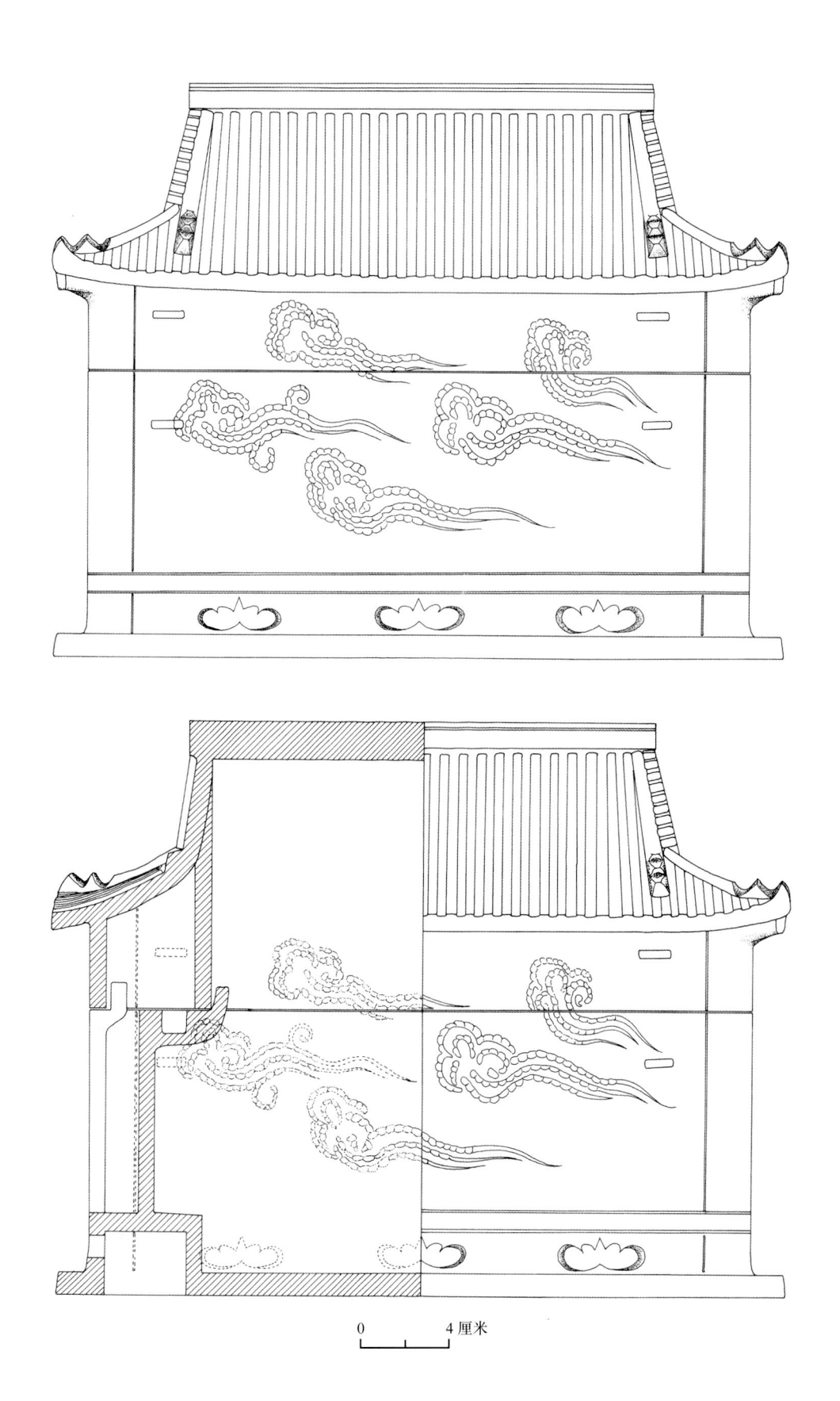

0　　4厘米

铜象棋子　2018FLGTS01W11②∶1

宋
涪陵龟陵城遗址出土
直径 3.3、厚 0.3 厘米

　　范铸。圆形，正、反两面均有郭，内为"卒"字，上半部一侧有一圆形穿孔。

铜镞　2017FBZT4②∶1

宋
奉节白帝城遗址出土
镞身长 4.7、铤长 1.8 厘米

　　四棱汇聚成尖，镞身横截面呈方形，圆柱形铤。

铜镞　2017FBZT2①：1

宋
奉节白帝城遗址出土
镞身长 2.6、铤长 2.3 厘米

镞身近三角形，截面呈菱形，尾端有翼，圆柱形铤。

铁镞　2017FBZH1②：12

宋
奉节白帝城遗址出土
通长 16.2 厘米，镞身长 8.5、宽 1.5、厚 1 厘米，铤长 7.7、直径 0.8 厘米

柳叶形镞，镞身呈三棱形，中锋，中部起脊，两侧有刃，短骹，圆锥形长铤。

铁镞　2017FBZH1②：13

宋

奉节白帝城遗址出土

通长18.6厘米，镞身长9.9、宽1.6、厚0.8厘米，铤长8.7、直径0.7厘米

　　镞身呈凿形，较长，截面呈长方形，束腰，中锋，圆锥形长铤。

铁蒺藜

2017FBZT13④:3~6、2017FBZT13⑥:2

宋
奉节白帝城遗址出土
通宽 7.2、高 6 厘米,芒长 3~4、宽 0.9、厚 0.5 厘米,孔边长 0.6 厘米

由 4 根外伸的尖锥状芒组成,结合部一般有三角形孔。

铁火炮　2017FBZCM2①：9

宋
奉节白帝城遗址出土
口内径 0.8、腹径 13.4、通高 13.8 厘米

　　浅饼状小口，圆肩，球腹，圜底。腹中部有合范痕迹。内部填充有黑火药。

铁火炮　2017FBZH1②：1

宋
奉节白帝城遗址出土
口内径 1.2、腹径 10.4、通高 13.4 厘米

　　近橄榄形，溜肩，弧腹，圜底。腹中部有合范痕迹。

铁夯头　2017FBZCQ1 : 1

宋
奉节白帝城遗址出土
直径8.4、高8厘米，中部方孔边长约3、深3.4厘米，周围小孔径0.7～1、深1～1.8厘米

炮弹形，中部有一近方形小孔，周围有三个椭圆形小孔，小孔口小底大。

淳祐通宝　2017FBZT13④ : 2

宋
奉节白帝城遗址出土
直径3.4厘米

有内外郭。正面"淳祐通宝"，背面"當百"。

石砚　2018FLGH19①：1

宋
涪陵龟陵城遗址出土
残长 9.9、宽 7.2、高 1.9 厘米

砂岩石质。砚身为长方形，左侧墨堂局部残缺，墨堂可能为椭圆形，右侧为壶门形墨池，墨池右侧线刻"鱼"形纹饰，边缘阴刻双线边饰。

陶兽面纹瓦当　2014FMCF2∶4

宋
丰都赤溪遗址出土
直径 11.7、长 26.6 厘米

　　泥质灰陶。瓦体半弧形，当面饰兽面纹，兽面咧嘴、外露獠牙，嘴外有须髯，圆眼，山字形眉。

陶花卉纹瓦当　2014WWDT385②∶1

宋
万州大丘坪墓群出土
直径 8.7 厘米

　　厚边轮，当面饰一朵侧视菊花。

陶花卉纹瓦当　2014FMCT0101③：6

宋
丰都赤溪遗址出土
直径 13 厘米，残长 3.5 厘米

　　泥质灰陶。当面呈圆形，模印有花卉纹。

陶花卉纹瓦当　2014FMCT0302①：6

宋
丰都赤溪遗址出土
直径 11.6、残长 15.4 厘米

　　泥质褐陶。当面呈圆形，当面下部起翘，模印有莲花纹，内有布纹。

陶板瓦 2017FBZT13④∶9

宋
奉节白帝城遗址出土
残长 14.2、残宽 15.6、厚 1.2、弧高 3.2 厘米

不可复原。瓦面中部竖向模印"桑閤門宅謹施",瓦底有布纹。

陶砖 2018FLGF13①∶6

宋
涪陵龟陵城遗址出土
残长 19、宽 10.3～14.7、厚 4.8 厘米

泥质灰陶。平面呈长方形,截面近梯形,侧面呈三级阶梯状。素面。

瓷碗　2017CYLM232 : 1

明
云阳鲢鱼山遗址出土
口径 14、足径 4.8、高 6.3 厘米

　　灰白胎，外施霁蓝色釉，色泽光艳，内施白釉。侈口，尖唇，薄胎，内弧腹，下腹垂折内收，圈足。

瓷碗 2012YBYM20:2

明
云阳营盘包墓群出土
口径18、足径6.2、高6.8厘米

黑釉。敞口,尖圆唇,弧腹,矮圈足。

陶谷仓罐　2011YBYM20∶3

明
云阳营盘包墓群出土
盖高 8、口径 8.4、最大腹径 16、底径 9、通高 27 厘米

缸胎，砖红色。盖为子母口，葫芦顶，面塑七组瓦楞。罐为侈口，圆唇，折肩，斜腹，厚平底。近底饰一周凸弦纹，盖肩组成二重檐，肩塑 14 组瓦楞。

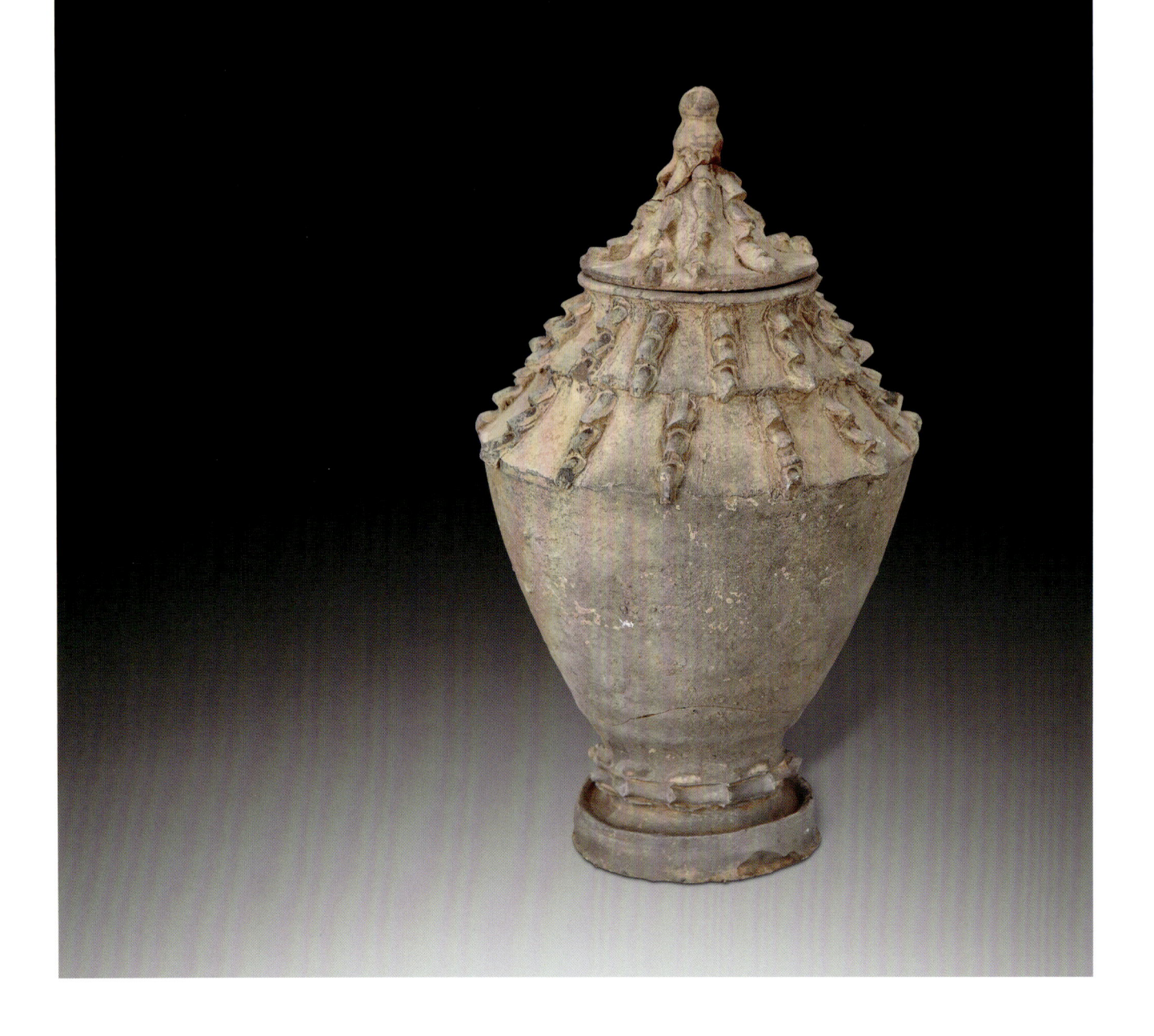

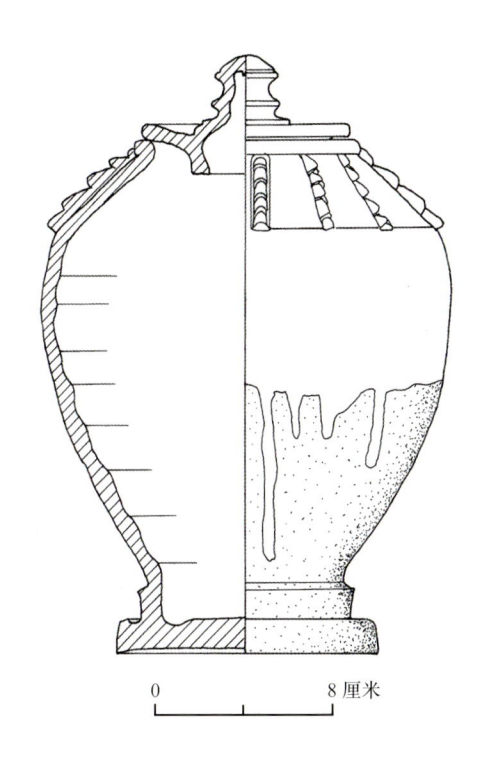

陶谷仓罐　2016CYTM209∶1

明
云阳唐家湾墓群出土
盖径9.4厘米，罐口径10.2、腹径18.6、底径12、通高26.2厘米

褐胎。盖为圆顶纽，有两周凹弦纹，盖面内凹为子母口状。罐为直口，短颈，肩部呈放射状饰数道瓦脊，鼓腹，束圈足，圈足有台，平底略内凹，内腹壁有拉坯抹痕，外上腹施淡奶黄釉，釉面有明显下流痕迹。

陶谷仓罐　2017CYLM244：2

明
云阳鲢鱼山遗址出土
盖径 9.2 厘米，口径 8.4、腹径 14、底径 8.8、通高 23.6 厘米

　　灰胎。盖为宝塔状，顶为圆形，中段有数道竖条器耳状带，盖沿方唇，内中空。罐口圆唇，直口领，滑肩，肩部有数道似筒瓦脊，鼓腹，下腹内收，束颈，实圈足平底，内外腹壁均有手抹凹弦纹槽痕。

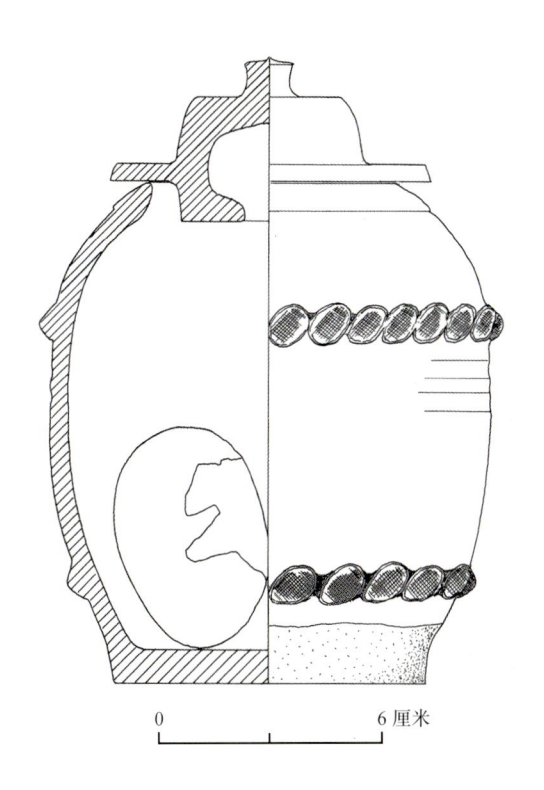

釉陶谷仓罐　2017CYLM236∶1

明
云阳鲢鱼山遗址出土
盖径 8.5 厘米，口径 8.9、腹径 12、底径 8.5、通高 16.8 厘米

青釉，施釉不及底。盖为宝塔顶，平沿，斜方唇，子母口，内中空。罐为敛口，圆唇，鼓腹，腹上下各有两周附加堆纹，堆纹表面有布纹。罐内有一个破鸡蛋壳。

釉陶谷仓罐　2017CYXM1:2

明
云阳小河湾墓群出土
口径 8.4、底径 8.4、通高 25.5 厘米

　　缸胎，通体施青釉，下腹及底无釉。盖上三重塔形钮，钮顶端为四瓣花卉簇拥状，二层塔均匀分布四花瓣，底层饰附加堆纹。罐直口，弧唇，束颈，溜肩，上腹微鼓，下腹内收，平底，底向外延伸，口沿、颈部饰附加堆纹。

陶炼锌罐（未使用）
2014ZYLT1007⑨b：9

明
忠县临江二队遗址出土
口径 8.6、底径 9.6、高 28.6 厘米

夹砂褐陶。侈口，圆唇，深腹，平底。

陶炼锌罐（已使用） 2014ZYLT1007⑨b：8

明
忠县临江二队遗址出土
口径 10.3、底径 9.5、通高 31.3 厘米

夹砂褐陶。直口，圆唇，深腹，平底。口部置一冷凝窝，外壁有泥质包裹体及冷凝区，内有炼渣。

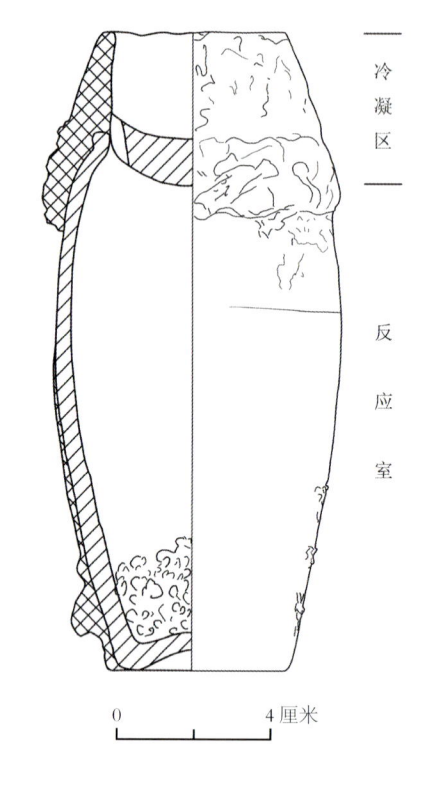

陶鸱尾　2018FLGF5废①：12

明
涪陵龟陵城遗址出土
残长 52.2、高 39、宽 17 厘米

　　泥质灰陶，手、模合制。中空。卷尾，外缘突鳍，身饰鳞纹，下部内侧两端贴塑云朵纹。

陶瓦当　2018FLGF5废①：40

明
涪陵龟陵城遗址出土
残长 6.6、厚 1.2、直径 12.3 厘米

　　泥质灰陶，手、模合制。当缘有一圈凸棱，当面模印花卉纹，顶端接筒瓦。

陶滴水　2018FLGF5废①：1

明
涪陵龟陵城遗址出土
残长 7.3、宽 21、高 13.3、厚 1.3 厘米

　　泥质灰陶。顶端残存少量板瓦。滴水面模印三爪龙纹及祥云纹。

青花云龙纹瓷将军盖罐

2010CBLM2：1

清
巴南粮食局清墓出土
口径 22、底径 30.9、高 62.2 厘米

　　胎质致密细腻，色白，青花发色蓝艳，露胎处有火石红。半球形顶盖，桃形纽，宽平沿，子口，内外施白釉，釉面光洁晶莹，沿底及口无釉。纽饰青花，盖面绘卷云纹，沿绘海水江牙纹。罐身圆唇，直领，母口，圆肩，上腹鼓，下腹弧内收，近足部外撇，圈足，足沿内外削，平底。内外施青白釉，母口及圈足沿无釉。领上下各饰青花弦纹一道，中绘火焰纹，肩及近底处各饰青花弦纹一道。罐身勾勒平涂四爪云龙纹及海水江牙纹。

青花缠枝莲球形瓷盖罐
2010CBLM2：2

清
巴南粮食局清墓出土
口径 10、底径 23.5、高 22.3 厘米

平顶盖，宽边，斜直沿。内外施白釉，盖面绘青花缠枝莲。罐身圆唇，矮领，圆肩，鼓腹，圈足平切露胎，平底。内外施白釉，领部露胎，从上至下绘青花卷云纹、如意云纹各一周。主体勾勒平涂缠枝莲花，下部绘扁体梵纹。

青花"早生（升）仙界"瓷盖罐

2010CBLM2：3

清

巴南粮食局清墓出土

口径 12、底径 24.6、高 27.2 厘米

　　外施乳白釉，底无釉，领露胎。釉厚，缩釉严重，有细碎开片。厚胎，胎质较粗，色灰白，青花色黑蓝，有晕散。弧顶盖，盖正中有一孔，直沿。盖面及盖心施乳白釉。盖面青花楷书"早生（升）仙界"。罐方口，矮直领，圆肩，鼓腹，圈足，足沿外削，平底，底有六孔。罐身青花手绘"五福三先（仙）"牌位，两旁绘四佛二道共六人。画工草率随意。

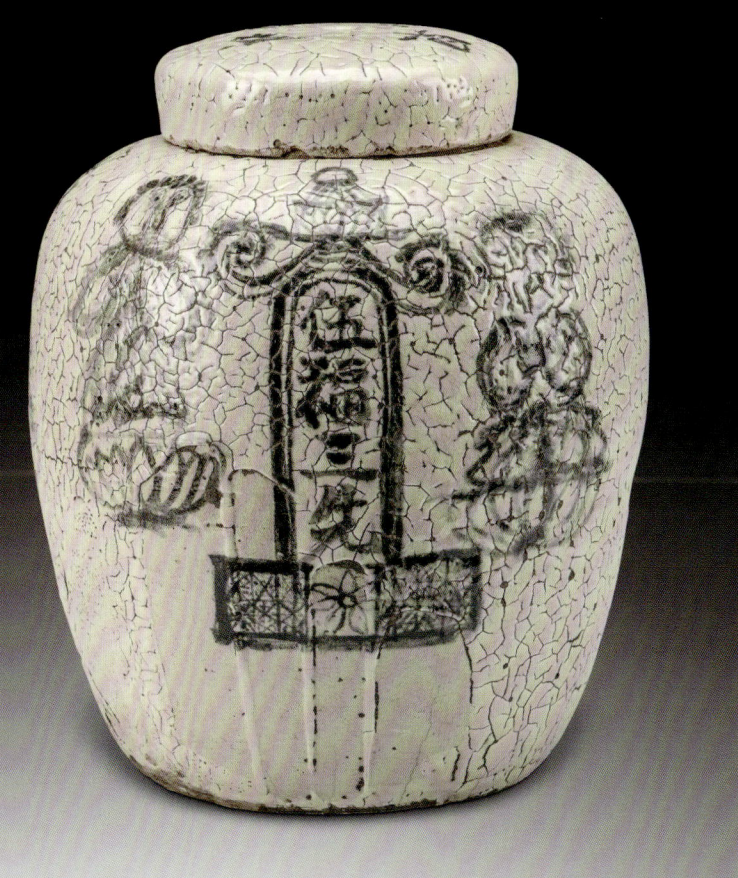

后 记

三峡地区文物保护的主要工作，始终围绕三峡工程而开展，在抢救文物的同时成功树立了三峡工程的文明形象，是文物保护与国家大型基本建设相互支持、有机结合的典范。其中最具代表性当属1997～2008年期间的"前三峡"文物保护，作为中华人民共和国成立以来最大规模的文物保护工程，有效地抢救保护了三峡库区珍贵的历史文化遗产，建立了三峡人文历史的新坐标。作为"前三峡"文物保护的延续，三峡后续考古工作围绕消落区地下文物抢救性发掘和大遗址考古两大主题，取得了丰硕的考古成果。为更好地展示上述收获，同时也作为加快考古成果转化的一种积极尝试，重庆市文化遗产研究院组织专业团队，精心筛选了一批具有代表性的出土文物，汇集成这本《重庆三峡后续工作考古出土文物图集》。需要补充的是，除上述三峡后续工作外，近年来在三峡地区的主动性考古和抢救性考古中亦取得了一定收获，其中不乏一些精美的出土品，我们认为同样属于"三峡后续"的范畴，因此也通过本书予以少量刊布。

作为一部资料性的考古图集，本书在重点选择完整、精美文物的同时，适当考虑了多样性与代表性，同时也一并刊布了文物的出土地点、尺寸和描述等信息，力所能及地确保其严谨性和科学性，相信对峡江地区的文物考古研究具有较高的参考价值。

原国务院三峡工程建设委员会办公室（现已并入水利部）、国家文物局、原重庆市移民局（现已并入重庆市水利局）、重庆市文物局等上级领导机关对三峡后续考古工作给予了高度重视和全程指导，按年度批复项目和下拨资金，有效确保了考古工作的按计划推进。重庆市文化遗产研究院作为团体领队单位，全面负责各考古项目的实施。同时也获得北京大学、中国人民大学、中山大学、河南大学、西南民族大学、重庆师范大学等高校考古专业，宜昌博物馆、长阳博物馆、万州区文物管理所、涪陵区博物馆、巫山博物馆、奉节夔州博物馆、云阳博物馆、忠县文物局、开州博物馆、渝北区文物管理所、巴南博物馆等市内外文博机构的大力支援，与我院共同承担了部分项目的发掘工作。各考古项目所在属地的文物部门积极协作，为考古工作的顺利实施提供了有力保障。在此对以上领导机关和兄弟单位致以诚挚的谢意。

本书得以面世离不开集体的努力和付出。重庆市文化遗产研究院学术委员会委员袁东山、林必忠、刘继东、杨小刚对本书提出了积极宝贵的意见。本书收录的各类遗物分别由范鹏、汪伟、燕妮、代玉彪、黄伟、周勇、牛英彬、肖碧瑞、孙治刚、杨鹏强、马晓娇、王洪领等考古同仁负责资料收集、命名、断代及描述等工作，他们在承担繁重野外任务的同时，始终默默坚守着一名重庆考古人的理想信念，牺牲自己宝贵的休息时间参与到本书的编撰当中。在组稿过程中，肖碧瑞草拟了收录清单，范鹏对收录器物进行了增删和初核，白九江、范鹏撰写了全书前言、各章概述，校对和统稿工作由白九江、方刚、李大地、范鹏共同完成，白九江对全书进行了审定。

科学出版社的王光明、蔡鸿博先生始终以高度的责任感投入到本书的编审工作，使本书避免了很多错漏。

受限于视野、能力和水平，本书中仍不可避免地存在较多的疏漏、不足甚至错误，敬请专家、学者批评指正。

编 者

2020年6月